Heike Kovács · Birgit Kaltenthaler
Mein Kind lernt spielend

Heike Kovács · Birgit Kaltenthaler

Mein Kind lernt spielend

GONDROM

Dr. med. Heike Christine Kovács ist Journalistin für Printmedien, TV und Internet. Außerdem verfasste sie zahlreiche Ratgeber, ist als Moderatorin von Gesundheitsseminaren und Wissenschaftstagungen tätig und tritt als Expertin regelmäßig im Bayerischen Fernsehen auf. Sie hat einen Sohn.

Birgit Kaltenthaler ist Journalistin und hat viele Ratgeber sowie Kurz- und Kindergeschichten verfasst. Heute betreibt sie außerdem ein Yoga-Studio für Kinder und Erwachsene. Sie ist Mutter zweier Kinder.

© Gondrom Verlag GmbH, Bindlach 2006

Covergestaltung: Christine Retz
Coverfoto: mauritius images/IT Stock Free
Bildnachweise: corbis LF

ISBN-10: 3-8112-2832-3
ISBN-13: 978-3-8112-2832-0

011

5   4   3   2   1

www.gondrom-verlag.de

Inhalt

6 Frühförderung

8 Die Entwicklung Ihres Kindes

10 Lernen von Anfang an

24 Warum Spielen für Ihr Kind so wichtig ist

26 Spielen heißt lernen

42 Die besten Lernspiele für jedes Alter

78 Warum Geschichten für Ihr Kind so wichtig sind

80 Geschichten fördern die Intelligenz

93 Die besten Bücher für jedes Alter

100 Warum Musik für Ihr Kind so wichtig ist

102 Ein Gefühl für Musik entwickeln

109 Die schönste Musik für jedes Alter

122 Kleine Musiktheorie für Ihr Kind

130 So fördern Sie die Stärken Ihres Kindes

133 Die zehn goldenen Regeln

137 Test: Welche Talente hat Ihr Kind?

143 Register

Frühförderung: Das Beste für Ihr Kind

Es ist immer wieder faszinierend, wenn ein kleiner Mensch seine Reise ins Leben antritt. Da sind vor allem diese unvergesslichen Momente: das erste Lächeln des Babys, seine ersten Worte, die ersten Schritte. Kinder lernen ungeheuer viel und extrem schnell. Besonders in den ersten Lebensjahren, im Baby- und Kleinkindalter, vollzieht sich in der Entwicklung eines Kindes so viel wie nie mehr später im Leben. Für Eltern ist es ein spannendes Abenteuer, die Entwicklung ihres Kindes zu begleiten. Sie erleben seine zahlreichen, faszinierenden Lernschritte, die beständige Verfeinerung der verschiedensten Fähigkeiten und Fertigkeiten; sie erleben mit, wie sich die Persönlichkeit ihres Sprösslings formt, wie sich seine Individualität herausbildet – unverwechselbar und einzigartig.

Sie als Eltern können nichts Besseres für Ihr Kind tun, als sich auf dieses Abenteuer ganz und gar einzulassen, an der Entwicklung Ihres Kindes intensiv teilzuhaben. Keine Frage: Die Erziehung Ihres Nachwuchses ist sicher nicht stets nur »eitel Sonnenschein«, sie besteht nicht immer nur aus Spaß und Spiel. Da gibt es zuweilen viel Aufregung, große Mühe und Plage, nicht selten auch schlaflose Nächte. Und das eine oder andere Mal fragen Sie als völlig erschöpfte Mutter oder total überforderter Vater sich bestimmt, warum Sie sich den ganzen Stress überhaupt antun.

SEIN WESEN AKZEPTIEREN

Aber die Mühe lohnt sich! Nichts ist nämlich wichtiger und wertvoller für Ihr Kind als die Zeit, die es mit Ihnen verbringt! Seine ersten Lebensjahre sind für seine Entwicklung prägend und sehr bedeutsam. Die Erfahrungen, die es in jungen Jahren macht und die Fertigkeiten, die es schon früh erwirbt, bilden die Basis für sein ganzes weitere

Dasein. Was Sie in dieser Zeit Ihrem Spross nicht mitgeben, kann er später nur schwer aufholen.

Nehmen Sie Ihr Kleines vor allem so an, wie es ist, mit all seinen Eigenheiten, Stärken und Schwächen – egal welche Charakterzüge und Eigenschaften es in die Wiege gelegt bekommen hat. Respektieren Sie seine Fähigkeiten und seine Leistungskraft, seien Sie mit den Talenten, die es hat oder nicht hat, zufrieden. Richten Sie sich in Ihrer gesamten Erziehung nach seinen Begabungen, nach seinem Tempo und unterstützen Sie es, damit es Fortschritte machen kann. Ihr Spross ist ein Individuum und braucht eine Förderung, die ganz seinem Wesen, seiner Persönlichkeit entspricht. Verlangen Sie nicht zu viel von ihm, wenn Sie merken, dass er an seine Grenzen stößt.

Haben Sie vor allem keine Angst, dass Sie zu viele Fehler machen könnten. Viele Eltern fühlen sich nämlich unsicher – sie meinen, dass sie in der Erziehung ihres Kindes vieles falsch machen. Natürlich müssen Sie immer wieder gewisse Hür-

den nehmen; wie viele andere Mütter und Väter stehen auch Sie öfters einmal vor schier unlösbar scheinenden Aufgaben. Vielleicht fühlen Sie sich den Anforderungen nicht gewachsen? Keine Sorge, das ist völlig normal, denn es geht allen Eltern so und gehört einfach dazu. Das Wichtigste ist, dass Sie Ihrem Kind reichlich Zeit und Zuwendung schenken. Geben Sie ihm die Sicherheit, dass Sie stets an seiner Seite sind, wenn es Sie braucht.

Versuchen Sie, sich in seine kleine Welt einzufühlen und begleiten Sie es, seinem ureigenen Wesen entsprechend, während jeder Entwicklungsphase. Vermitteln Sie Ihrem Nachwuchs so das Gefühl der Geborgenheit und bereiten Sie ihm ein liebevolles Zuhause, in dem ein netter Umgangston herrscht. Dadurch hat er die besten Voraussetzungen, ein erfülltes, glückliches Leben zu führen. Wir Autorinnen wollen in diesem Ratgeber aufzeigen, wie Sie als Eltern diese für Ihr Kind wichtigen Grundpfeiler schaffen können und ihm damit den besten Start ins Leben bereiten.

Erste Lebensjahre

Die Wissenschaft hat schon lange erkannt, dass die ersten Lebensjahre eines Kindes eine fundamentale Bedeutung für seine Entwicklung haben. Alle Erfahrungen, die Ihr Kleines in frühester Kindheit macht, werden sein ganzes weiteres Leben prägen. Mit diesem Wissen können Sie Ihren Spross ganz bewusst auf seinem Weg ins Leben begleiten, ihn von Anfang an gezielt fördern, stärken und motivieren.

Die Kleinen verfügen nämlich nicht nur über die verschiedensten Möglichkeiten der Wahrnehmung und des Ausdrucks, sondern sie können sogar schon feine Unterschiede im Gefühlsleben spüren, beispielsweise Traurigkeit und Fröhlichkeit. Babys wissen aus ihrer Zeit als Embryo noch genau, welches Umfeld ihnen gut tut und welches nicht. Je mehr Zuwendung sie von Mama und Papa erhalten, je ausgeglichener, warmherziger und fürsorglicher ihre Umgebung ist, desto günstiger wirkt sich dies auf ihre gesamte Entwicklung aus. Psychologen haben herausgefunden, dass Kinder, die in einer positiven Gefühlswelt aufwachsen, im späteren Leben selbstbewusster, kontaktfreudiger und kreativer sind als Sprösslinge, die schon früh großem Stress im Gefühlsbereich ausgesetzt waren oder gar auf Ablehnung, Kälte und Gleichgültigkeit gestoßen sind.

Die beiden amerikanischen Psychologie-Professorinnen Linda Acredolo und Susan Goodwyn beschreiben in ihrem Buch »Baby Brain«, dass das Gehirn eines Säuglings bereits zu enormen Leistungen in der Lage ist. Es läuft auf Hochtouren, um Informationen zu verarbeiten und neuronale Netze aufzubauen. Diese bilden die wichtige Grundlage seiner gefühlsmäßigen, sozialen und geistigen Entwicklung im späteren Leben.

RASANTE FORTSCHRITTE IM ERSTEN JAHR

Papas lustige Grimassen, Mamas sanft massierende Hände, das kunterbunte Bild an der Wand, die interessante Rassel, das Enten-Mobile und vieles mehr, was Ihr Kleines täglich wahrnimmt, findet es ungeheuer aufregend.

Denn jede Bewegung, jeder Farbklecks, jedes Geräusch trägt zu seiner Entwicklung bei und ermöglicht ihm, ein Stückchen mehr von der Welt zu erfahren.

Die Sinnesreize, die über Haut, Augen und Ohren zum Gehirn des Babys wandern, entfachen dort ein wahres Feuerwerk an Nervenaktivitäten. Die Stimulation von außen setzt zahlreiche chemische und elektrische Impulse in Gang, die das gigantische Netzwerk von weit über 100 Milliarden Gehirnzellen und den dazugehörigen Nervenbahnen im Eiltempo durchziehen. Durch diese Impulse werden die Nerven in einen Erregungszustand versetzt: Sie schütten spezielle Botenstoffe aus, so genannte Neurotransmitter, die nicht nur dafür sorgen, dass die Verknüpfung neuer Nervenverbindungen gefördert wird, sondern auch bestehende Verschaltungen gefestigt werden. Den Vorgang der neuronalen Vernetzung bezeichnen Gehirnforscher auch als »Plastizität«. Das Gehirn wird durch Sinneseindrücke quasi geformt und strukturiert, es bildet spezielle Fähigkeiten heraus. Je jünger ein Kind ist,

umso rascher werden die neuronalen Strukturen geknüpft. Der Höhepunkt der Nervenvernetzung scheint ungefähr mit einem halben Jahr erreicht zu sein. Gegen Ende des ersten Lebensjahres ist bereits ein Großteil der neuronalen Vernetzung abgeschlossen.

Erste Sprechübungen

Gleich nach der Geburt, mit dem ersten Schrei, beginnt das Sprechtraining von Babys. Durch Schreien, Saugen und Nuckeln lernen die Winzlinge, die Muskulatur des Mundes zu beherrschen und die Bewegungen von Kiefer, Lippen und Zunge zu koordinieren.

Nach etwa einem Monat setzt die so genannte Lallphase ein: Das Baby hat nun schon so viel Übung, dass es mit den Lippen, dem Gaumen und der Zunge Laute formen kann. Es brabbelt und quietscht, es kann durch diese Töne und Geräusche kleine Botschaften mitteilen, zum Beispiel »es geht mir gut«, »ich möchte spielen« oder »ich will noch ein wenig herumgetragen werden«. Nur Sie als Eltern können diese frühe Sprache Ihres

Kindes sehr gut verstehen. Vater und Mutter wissen genau, welche Bedürfnisse und Wünsche das Kleine gerade hat. Im Allgemeinen lassen sich Eltern sehr gerne auf diese Art der Kommunikation ein und sprechen ihr Baby mit exakt den gleichen Lauten an. Damit fördern sie – meist ganz unbewusst – die Sprachentwicklung Ihres Nachwuchses und unterstützen ihn, seine Fertigkeiten immer weiter zu verfeinern.

Nach dem sechsten Lebensmonat beginnt die zweite Lallphase: Die Laute sind nun noch deutlicher zu unterscheiden, das Baby kann gezielt bestimmte Dinge mit bestimmten Lauten bezeichnen. Auch eine verfeinerte Sprachmodulation beherrscht das Baby: Es kann laut oder leise sprechen, es vermag die Stimme zu heben oder zu senken, Laute zu dehnen oder in einen Singsang zu verpacken.

Gegen Ende des ersten Lebensjahres haben die Kinder meist gelernt, einfache Laute zu Doppellauten zusammenzufügen. So wird aus »MA« beispielsweise ein »MA-MA«. Das ist oft das erste richtige Wort.

Frühes Bewegungstraining

Die Ausbildung der motorischen Fähigkeiten hat in der frühkindlichen Entwicklung eine herausragende Bedeutung. Die ersten Übungen zum Training von Muskeln und Gehirn unternimmt das Baby mit Strampeln. Durch die zunächst noch unkoordinierten Bewegungen von Ärmchen und Beinen lernt es, seinen Körper zu entdecken und zu kontrollieren. Das Baby erlebt das Strampeln als sehr genussvoll, die Freude darüber drückt es durch Lachen oder ein vergnügtes Quietschen aus. Man sollte dem Kleinen deshalb auch so viel Bewegungsfreiheit wie möglich lassen, es nicht durch zu feste Windelpakete oder eng anliegende Strampelanzüge einengen, damit es seinen motorischen Drang ungehindert ausleben kann.

Gezielte Greifübungen

Bald schon werden die Bewegungen immer koordinierter: Etwa ab dem dritten Lebensmonat kann das Kleine – wenn auch noch etwas unsicher – nach Gegenständen greifen. In den folgenden Wochen wird dann aus dem undifferenzierten Grabschen eine fein abgestimmte Bewegung der Finger, und das Baby vermag den so genannten Zangengriff anzuwenden: Es fasst nach Objekten, indem es den Daumen den übrigen Fingern gegenüberstellt.

Die Zeit des Krabbelns

Im Laufe des zweiten Lebenshalbjahres werden Babys immer mobiler. Dank der intensiven Strampelübungen beherrschen sie jetzt schon eine bessere Koordination der Arm- und Beinbewegungen. Außerdem sind ihre Kopf- und Rumpfbewegungen nun so ausgereift, dass sie sich zum Beispiel ohne Mühe vom Rücken auf den Bauch – und umgekehrt – drehen können. Auf allen Vieren gehen die Kleinen auf Entdeckungsreise und erforschen ihre Umgebung. Das Krabbeln nimmt eine zentrale Bedeutung in der Entwicklung von Kindern ein: Wie Wissenschaftler herausgefunden haben, fördert es die Ausbildung intellektueller und emotionaler Fähigkeiten in hohem Maße. Für Sie als Eltern ist diese Mobilität Ihres Sprösslings natürlich erst einmal auch

mit sehr viel Stress und Unruhe verbunden. Sie müssen jetzt ständig aufpassen, dass Ihr Krabbelkind nicht in Gefahrenbereiche wie etwa Treppen gelangt. Sie sollten alles, was nicht in Kinderhände gehört, aus der Erreichbarkeitszone, etwa aus tief gelegenen Kommodenschubladen oder Schrankfächern, verbannen und in höher gelegene Bereiche umräumen. Wegen der großen Vorteile für die Entwicklung sollten Sie Ihrem Kind trotzdem viel Gelegenheit zum Krabbeln geben, auch wenn es für Sie eine anstrengende Zeit ist. Spornen Sie es mit kleinen Lockspielen, beispielsweise Ballwerfen, zur Fortbewegung an.

Die ersten Schritte

Der erste selbstständige Schritt Ihres Kindes ist ein Meilenstein. Sie als Eltern erwarten ihn meist schon längere Zeit vorher mit Spannung. Und wenn Ihr Kleines dann endlich ein paar unsichere Schritte macht, ohne festgehalten werden zu müssen, ist das für Sie ein wunderbares Ereignis. Meist vollzieht sich das Laufen lernen im Alter von zwölf

Monaten. Es leitet im Übergang vom ersten auf das zweite Lebensjahr einen neuen Entwicklungsabschnitt ein: Aus Ihrem Baby wird nun ein Kleinkind.

SO FORMT SICH DIE PERSÖNLICHKEIT

Schon Neugeborene sind richtige kleine Persönlichkeiten. Kein Baby gleicht dem anderen, und die Säuglingsschwestern auf den Wochenstationen können oft schon bei den wenige Stunden alten Winzlingen genau unterscheiden, ob sie beispielsweise ein »zartes Pflänzchen« vor sich haben, das eher ängstlich und zurückhaltend ist, einen kleinen, energiegeladenen »Draufgänger« oder ein pflegeleichtes Kind, das gleichmütig und gelassen seinem Leben entgegensieht. Während der Wochen und Monate nach der Geburt bildet sich das individuelle, unverwechselbare Wesen des Kindes immer weiter heraus. Das Kleine ist ein einzigartiges Individuum. Es hat seine ganz persönliche Art zu lachen oder sich zu bewegen: Es legt schon bestimmte Einschlafgewohnheiten an den Tag, es isst und

Lernen im Eiltempo

Nie wieder lernen Kinder so schnell und so viel wie in den ersten Lebensjahren – diese Zeit ist entscheidend. In ungeheurem Tempo eignen sie sich die vielfältigsten Fähigkeiten an, von der Sprache über Gefühlsäußerungen bis hin zur Motorik.

spielt auf seine Weise und entwickelt schon die ersten speziellen Vorlieben und Neigungen. Außerdem reagiert es auf Menschen ganz individuell.

Falls Sie bereits mehrere Kinder haben, durften Sie sicher schon mit Erstaunen feststellen, wie unterschiedlich sich Geschwister entwickeln und wie wenig sie sich vom Wesen her gleichen. Vielleicht sagen Sie: »Unser Kleiner ist so ungeheuer lebhaft und wild, seine große Schwester dagegen ist ein ganz stilles Wässerchen, das nie Probleme macht.« Oder: »Unsere Große ging immer sehr gerne in den Kindergarten, je mehr um sie herum los war, desto besser. Ihr neues Brüderchen jedoch ist ganz anders, es will immer nur bei Mama und Papa sein oder am liebsten allein mit seinen Bauklötzen spielen.« So und ähnlich klingen die Aussagen von Eltern häufig, wenn sie versuchen, bei ihren Kindern den gemeinsamen Nenner zu finden, den es eigentlich gar nicht gibt – außer dass sie dieselben Eltern haben.

Das Kind annehmen wie es ist

Psychologen empfehlen: Akzeptieren Sie Ihr Kind so, wie es ist. Versuchen Sie nicht, es verändern oder gar verbiegen zu wollen. Wenn sie in ihrem ganzen Wesen akzeptiert werden, geht es den Sprösslingen gut. Das ist das Beste, was Sie als Eltern für Ihr Kind tun können. Denn so hat es die optimalen Voraussetzungen, um in seiner Persönlichkeit zu reifen und ganz individuelle Stärken, Begabungen und Talente zu entwickeln. Vielleicht bereitet Ihnen als Mutter oder Vater dies manchmal Probleme? Wahrscheinlich haben Sie eine genaue Vorstellung davon, wie Ihr Kind zu sein oder auch nicht zu sein hat. Machen Sie sich frei von diesen festgefahrenen Bildern und akzeptieren Sie Ihr Kind als Individuum.

✔ **Betrachten Sie Ihr Kind wertfrei:** Das ermöglicht Ihnen, bestimmte Charakterzüge und Wesensmerkmale an Ihrem Nachwuchs zu entdecken, die besonders liebenswert sind und die Persönlichkeitsentwicklung Ihres Kindes stärken. Sicher trägt das auch dazu bei, dass sich so mancher Konflikt zwischen Ihnen und Ihrem Kind quasi von selbst erledigt. Wenn Sie als sehr sportliche, selbstbewusste und abenteuerlustige Mutter beispielsweise die Vorstellung haben, dass Ihre Tochter genauso sportbegeistert, experimentierfreudig und unerschrocken sein sollte wie Sie, kann es durchaus sein, dass Ihr Kind eher bewegungsfaul, ängstlich und zurückhaltend ist. Je mehr Sie aber die Lustlosigkeit, Furchtsamkeit und Schüchternheit Ihres Kindes kritisieren, desto schlimmer werden diese Eigenschaften. Erst wenn Sie Ihre Tochter ganz in Ruhe lassen, hat sie die Chance, von sich aus Dinge zu entdecken und ausprobieren zu wollen, an die sie sich zunächst nicht herantraute. Schließlich entwickelt Ihre Kleine sogar selbst die Initiative und möchte vielleicht mit ihren Eltern eine Radtour oder Wanderung unternehmen.

✔ **Respektieren Sie Ihr Kind als Individuum:** Ihr Kind ist zwar noch nicht erwachsen, aber trotzdem sollten Sie seine Wünsche und Bedürfnisse genauso ernst nehmen wie Ihre eigenen. Versuchen Sie, sich in Ihr Kind hineinzuversetzen, achten Sie auf seine Gefühle, und gehen Sie sorgsam damit um. Die kleine Kinderseele ist sehr verletzlich, vor allem dann, wenn Sie einfach so über sie hinweggehen und gar nicht wahrnehmen, was in ihr vorgeht. Schenken Sie Ihrem Kind Vertrauen und viel liebevolle Zuwendung. Damit können Sie es glücklich machen, und das wiederum ist für Sie selbst das schönste Geschenk.

Die ersten Worte und Sätze

Im ersten Lebensjahr hat sich Ihr Baby schon auf das Sprechen vorbereitet und dazu einige wichtige Übungen gemacht (siehe Seite 12, »Erste Sprechübungen«). So sind das Brabbeln und Lallen eines Babys,

aber auch das Schreien, ein gutes Training für das spätere Sprechen. Nach dem ersten Lebensjahr geht es mit dem Erlernen der Muttersprache zügig voran: Das Kind bildet zunächst Einwortsätze, mit etwa 18 Monaten beherrscht es oft schon Zwei-Wort-Sätze. Nach und nach wächst sein Wortschatz, das Sprachverständnis bildet sich immer besser heraus, die Grammatik-Regeln werden zunehmend beachtet. Viele Kinder haben ein großes Vergnügen daran, mit der Sprache zu experimentieren, indem sie beispielsweise Wörter oder nur einzelne Silben ständig wiederholen, sie in verschiedenen Tonlagen und Lautstärken aussprechen oder vielleicht auch zu einem scheinbar sinnlosen »Wortsalat« zusammenmixen. Solche Wort- und Silben-Spiele sind sehr vorteilhaft, da sie die Sprachentwicklung des Kindes hervorragend fördern. Ermutigen Sie Ihr Kind daher ruhig zu diesem kreativen Umgang mit Sprache, auch wenn es Ihnen vielleicht manchmal etwas sonderbar erscheint.

Auf der anderen Seite brauchen Sie aber auch nicht beunruhigt zu sein, wenn Ihr Nachwuchs zunächst noch etwas wortkarg ist und sich mit dem Sprechen sehr zurückhält, obwohl andere gleichaltrige Kinder längst schon sehr viel plappern. Wie in allen Bereichen der Entwicklung, gibt es auch hier individuelle Unterschiede, und fast alle Kinder holen eine kleine Entwicklungsverzögerung meistens schnell wieder auf.

Die Sprachentwicklung fördern

Damit ein Kind rasch lernt, sich gut verständlich zu machen und auszudrücken, ist eine intensive Kommunikation in der Familie das A und O. Seien Sie als Eltern also trotz des Leistungsdrucks, trotz der Hektik und Reizüberflutung, in der Sie vielleicht leben, nicht sprachlos, denn das würde sich negativ auf die Entwicklung Ihres Sprösslings auswirken. Viele Eltern machen leider den Fehler, dass sie ihr Kind vor dem Fernseher oder Computer »parken«, anstatt mit ihm zu reden, auf seine Bedürfnisse einzugehen oder seine Kreativität und Fantasie durch das Erzählen von Geschichten zu fördern.

Der beständige verbale Austausch zwischen den Familienmitgliedern ist sehr wichtig, findet aber heute oft wenig statt. Ärzte, Psychologen und Erzieher stellen deshalb auch eine drastische Zunahme von Sprachauffälligkeiten bei Kindergarten- und Schulkindern fest.

Trotzphasen – so reagieren Sie richtig

✔ **Eine kleine Alltagsgeschichte:** Wütend trommelt die dreijährige Amelie mit ihren kleinen Fäusten auf den Fußboden. Sie wirft ihre geliebte Puppe in die Ecke, weint und beschimpft ihre Mutter: »Gleich haben, gleich haben, Mama, ich hab dich sonst nicht lieb!«

Amelie möchte unbedingt ein Töpfchen für ihre Puppe bekommen – sofort. Aber die Mutter meint in ruhigem Ton, dass sie sich noch ein paar Tage gedulden müsse, bis sie Geburtstag habe. Als sich Amelie beruhigt hat, wird sie plötzlich vollkommen stumm. Sie redet für etwa eine Viertelstunde mit niemandem mehr. Ihr kleines Gesicht spiegelt deutlich Trotz und Wut wider …

✔ Die zehn besten Tipps für das Sprechen

Sie als Eltern haben es zu einem großen Teil selbst in der Hand, ob Ihr Kind eine gute Sprachentwicklung erfährt (siehe dazu »Warum Geschichten für Ihr Kind so wichtig sind«, Seite 79). Sie können viel dafür tun:

1. Nehmen Sie sich möglichst viel Zeit für Ihr Kind.
2. Schenken Sie seinen Bedürfnissen und Wünschen reichlich Aufmerksamkeit.
3. Sprechen Sie langsam und deutlich mit ihm.
4. Schauen Sie Ihr Kind beim Sprechen immer an. So manchen Ausdruck lernt es auch, indem es buchstäblich die Worte von Ihren Lippen abliest.
5. Bilden Sie stets kurze, klare Sätze, am Anfang möglichst mit nur drei oder vier Wörtern.
6. Verwenden Sie einfache Worte, die Ihr Nachwuchs schon kennt. Bauen Sie erst nach und nach neue Begriffe ein, die es dann in seinen Wortschatz aufnehmen kann.
7. Wiederholen Sie das, was Ihr Nachwuchs sagt, und korrigieren Sie dabei gleichzeitig seine Fehler. Oder formulieren Sie den Satz zusammen mit Ihrem Kind neu.
8. Ergänzen Sie unvollständige Sätze in sanftem, liebevollem Ton.
9. Loben Sie Ihr Kind, wenn es etwas richtig gesagt hat und zeigen Sie ihm, dass Sie sich darüber freuen.
10. Sorgen Sie für regelmäßige Mußestunden, in denen Sie Ihrem Sprössling vorlesen, eine Geschichte erzählen oder gemeinsam mit ihm eine neue erfinden.

So zeigt sich das Problem: Mit solchen Reaktionen werden alle Mütter und Väter immer wieder konfrontiert, wenn ihre Kinder im Alter zwischen zwei und vier Jahren sind. Die Trotz- und Wutanfälle kommen oft ganz unvermittelt und treffen die ahnungs- und hilflosen Eltern dann wie der Blitz aus heiterem Himmel.

Aber lassen Sie sich dadurch nicht beunruhigen: Die Trotzphase ist nichts Ungewöhnliches. Genauso wie das so genannte Fremdeln, das sich besonders häufig zwischen dem achten und zwölften Lebensmonat zeigt, gehört auch der Trotz zur gesunden Entwicklung eines Kindes dazu. In dieser Phase lotet das Kind erstmals seine Grenzen aus und versucht, den eigenen Willen gegen den seiner Eltern zu stellen. So gesehen hat die Trotzphase eine große Bedeutung für die Persönlichkeitsentwicklung Ihres Sprösslings. Sie ermöglicht es ihm, seine eigene Stärke zu demonstrieren und Unabhängigkeit zu erlangen. Das sind wichtige Voraussetzungen für seine spätere Durchsetzungsfähigkeit und Selbstbehauptung. Wenn Sie dies wissen, fällt es Ihnen als Eltern bestimmt leichter, die Trotzreaktionen Ihres Kindes zu akzeptieren und ihnen mit einer gewissen pädagogischen Ruhe und Gelassenheit zu begegnen.

Je nach Temperament, aber auch gemäß der in der Familie erlernten Verhaltensmechanismen reagiert jedes Kind in anderer Weise trotzig. Die einen bekommen Zornesausbrüche und Wutanfälle, die anderen weinen und jammern, wieder andere ziehen sich einfach ganz still zurück und meiden den Kontakt zu den Eltern oder Geschwistern. Manchmal wechseln sich die Phasen von Wut, Trotz und Rückzug auch ab.

Die Zauberformeln gegen die Trotzphase

Diese Tipps helfen Ihnen, die schwierigen Zeiten von Wut und Trotz in den Griff zu bekommen:

✔ **Bleiben Sie ruhig:** Lassen Sie sich von dem Ausbruch Ihres Kindes nicht in Angst und Schrecken versetzen. Es merkt nämlich, wenn es Sie mit seinem Terror verunsichern kann. Vor allem in der Öffentlichkeit, etwa in der Warteschlange vor einer Supermarktkasse, ist Ihnen der Anfall Ihres Kindes anderen gegenüber wahrscheinlich peinlich. Reagieren Sie dennoch sachlich, fordern Sie Ihr Kleines in ruhigem Ton auf, innezuhalten. Wenn das nicht hilft, sollten Sie Ihr Kind toben lassen und abwarten, bis es wieder normal reagiert. Zu Hause können Sie ihm »Aggressionsventile« wie Kissen oder einen Gummiball geben. Lassen Sie es darauf boxen, um seine Wut abzulassen.

✔ **Verhalten Sie sich konsequent:** Wenn Ihr Kind trotzig reagiert, weil Sie ihm etwas verboten haben – beispielsweise ein Stückchen Schokolade oder ein Gummibärchen fünf Minuten vor dem Mittagessen – sollten Sie auf keinen Fall schwach werden, auch wenn die Szene noch so sehr an Ihren Nerven nagt und Sie fast schon versucht sind, nachzugeben.

Dann merkt Ihr Kind, dass es nur laut genug brüllen muss, um seinen Willen durchzusetzen und zu bekommen, was es will. Sein Trotz wird nun zu einer gefährlichen Waffe gegen Sie als Erzieher/in. In Zukunft wird es dadurch für Sie noch schwerer sein, Ihr Kind zur Einhaltung von Ge- und Verboten zu bewegen.

✔ **Geben Sie Zuwendung:** Vor allem wenn der Trotzanfall vorüber ist, benötigt Ihr Sprössling Trost und Zuspruch. Er braucht die Sicherheit, dass das elterliche Vertrauen weiterhin besteht und die Beziehung nicht gelitten hat. Geben Sie also Ihrem Kind das Gefühl, bei Ihnen immer geborgen zu sein.

✔ **Erklären Sie die Situation:** Kinder lassen sich oft rasch wieder beruhigen, indem die Eltern ihnen die Hintergründe eines bestimmten Verbots begreiflich machen. Wenn Sie Ihrem Nachwuchs also erklären, dass Sie ihm die Wachsmalkreiden jetzt deshalb nicht kaufen möchten, weil er zu Hause sowieso schon zwei Packungen davon hat, er aber bei der nächsten Gelegenheit stattdessen eine Kinderknete bekommt, wird er sich bestimmt einsichtig zeigen und schon auf das Geschenk freuen. Auch eine Kompromisslösung kann helfen, den Frieden wieder herzustellen: Wurde der Schokopudding soeben von der kleinen Schwester ausgelöffelt, dann machen Sie Ihrem aufständischen Zwerg doch einfach ein Marmeladenbrot oder einen Bananenquark schmackhaft.

✔ **Lenken Sie Ihr Kind ab:** So hartnäckig sich Ihr Nachwuchs auch in den Kopf gesetzt hat, etwas unbedingt haben zu wollen, so schnell lässt er sich aber auch von etwas anderem fesseln. Nutzen Sie die Neugierde und den Entdeckungsdrang Ihres Kindes, indem Sie sein Interesse auf etwas anderes lenken: Führen Sie es im Supermarkt unbemerkt an den Süßwarenregalen vorbei und erklären Sie ihm die vielen Gemüse- und Obstsorten. Lassen Sie es auch ein paar Nahrungsmittel selbst auswählen.

Ständig auf Achse: So erobert Ihr Spross die Welt

Während der ersten zwölf Monate hat das Gehirn Ihres Kindes sozusagen die Basisarbeit geleistet, um die verschiedenen motorischen Fähigkeiten zu erlernen. Das Baby ist dabei mit großen Schritten vorangekommen (siehe »Rasante Fortschritte im ersten Jahr«, Seite 11). Es konnte sich zunächst drehen, aus liegender oder sitzender Position aufrichten, dann fest auf beiden Beinen stehen und schließlich die ersten Schritte machen. In den folgenden Jahren, während der Kleinkindzeit, geht es nun darum, diese Fähigkeiten immer weiter zu verfeinern und zu vervollkommnen und dadurch mehr Sicherheit zu gewinnen. Vieles lernt Ihr Kind dabei ganz von selbst, etwa

wenn es herumspringt und tobt. Auf diese Weise kann es seinen Bewegungsdrang ausleben.

Aber auch durch den differenzierten Umgang mit verschiedenen Gegenständen und Geräten, durch die Benutzung von Messer, Gabel und Löffel beim Essen, durch Bastelarbeiten oder Zeichnen werden seine Motorik trainiert und das feine Zusammenspiel von Nerven und Muskeln geschult. Ihr Nachwuchs hat einen angeborenen Bewegungstrieb.

So muss er gar nicht von Ihnen ermuntert werden, seine Umgebung zu erforschen. Das macht er von selbst, angetrieben durch seine eigene Neugierde. Er will ganz automatisch viel Neues und Spannendes kennen lernen. Er hat große Freude daran, sein Können ständig zu erproben und weiterzuentwickeln. Seine Wagnisse beim Klettern und Springen sind oft erstaunlich und versetzen Sie möglicherweise so manches Mal in Angst und Schrecken. Ihr Kind hat aber meistens einen guten Schutzengel, und selbst ein Sturz mit dem Roller oder Fahrrad ist nicht so schlimm.

Das ständige Training der motorischen Fähigkeiten und das Ausloten der eigenen Grenzen sind also für die Entwicklung Ihres Kindes sehr wichtig. Daher sollten Sie seinen manchmal zu stark scheinenden Bewegungsdrang möglichst nicht durch übergroße Vorsicht bremsen. Natürlich ist es wichtig, dass Sie Ihrem Sprössling eventuelle Gefahren aufzeigen und ihm klarmachen, dass er bestimmte Dinge wie etwa das Ballspielen auf einer befahrenen Straße oder das Klettern auf wackeligen Leitern nicht tun darf. Aber behüten Sie Ihren Nachwuchs nicht zu sehr, und nehmen Sie ihm vor allem nicht den Spaß am Spielen und Experimentieren.

Ihr Kind soll Gefahrenmomente kennen lernen und ein Gefühl dafür bekommen, wann Vorsicht geboten ist.

Warum Spielen
für Ihr Kind so wichtig ist

pielen heißt lernen

Spielen gehört einfach zum Menschsein dazu. Schon der Dichter Friedrich Schiller (1759–1805) stellte fest: »Der Mensch ist nur da ganz Mensch, wo er spielt«. In der Tat – ohne die »Leichtigkeit des Spielens« wäre unsere Existenz unvollkommen, wir würden unser Leben nur als Last empfinden. Wir brauchen die Freude an der Zerstreuung, am fröhlichen Zeitvertreib und am Austausch mit anderen, denn sonst wäre unser Dasein langweilig und trist, ohne Entspannung und Muße.

Auch Sie als Erwachsene spielen in den verschiedensten Situationen: beim geselligen Zusammensein an der Bowling-Bahn, am Kartentisch, beim Fußball, Tennis oder Tanzen, als Schauspieler oder Zuschauer im Theater, beim gemeinsamen Singen und Musizieren, wenn Sie mit Ihrer kleinen Tochter die neue Puppenküche einrichten oder mit Ihrem Sohn die Eisenbahn aufbauen. Spielen tut einfach gut: Es ist ein Lebenselixier, es sorgt für den notwendigen Ausgleich zu den Pflichten und Anforderungen des Alltags. Erhalten Sie sich also selbst unbedingt Ihre Lust am Spiel! Sie tun damit nicht nur sich selbst einen großen Gefallen, sondern auch Ihrem Nachwuchs, dem Sie die »Leichtigkeit des Spielens« quasi vorleben. Ihrem Kind bringt das Spielen nicht nur Spaß und Entspannung, sondern es ist gleichzeitig auch noch sehr lehrreich und lässt es viele positive Erfahrungen sammeln, die für sein ganzes weiteres Leben wertvoll und prägend sind.

Wenn Ihr kleiner Sohn also nach Herzenslust seine Bauklötze auftürmt und dann wieder einstürzen oder seine coolsten Autos zum Rennen antreten lässt, wenn Ihr Töchterchen seine Puppe mit den Lebensmitteln aus dem Kaufladen füttert, handelt es sich dabei nicht einfach nur um eine nette Art der Freizeitbeschäftigung. Das Spielen ist vor allem in den ersten zwei Lebensjahren für Ihren Spross enorm wichtig. Denn er entdeckt so die Welt und macht viele bedeutsame Erfahrungen mit seinen Sinnen. Dies fördert seine Gehirnentwicklung und steigert seine intellektuellen Fähigkeiten. Einige Spiele und Spielsachen wirken sich dabei besonders positiv aus (siehe dazu »Die besten Lernspiele für jedes Alter«, Seite 42):

✔ **Babys** erforschen die Welt durch Tasten und das Wahrnehmen von Geräuschen. Darum eignen sich Mobiles, Rasseln, Spieluhren oder Stofftiere hervorragend als erste Spielsachen. Sie fördern den Tastsinn, das Hörverständnis und die optische Konzentrationsfähigkeit.

✔ Für **Kinder ab sechs Monaten** sind Sortierboxen, Holzklötze, Bälle und erste Puzzles ideal, um zusätzlich die Motorik und die Koordinationsfähigkeit zu schulen.

✔ **Zweijährige** machen spielerisch oft Erwachsene nach und stellen Alltagssituationen dar, etwa das Einkaufen oder Kochen. Dadurch lernen sie, ihre Umwelt zu verstehen. Dies ist

Altersgerechte Spiele

Ihr Kind will in jedem Alter seinen Spieltrieb ausleben. Hängen Sie Ihrem Baby ein Mobile über das Bett, mit etwa sechs Monaten mag es schon Bauklötze, ab einem Alter von zwei Jahren freut es sich über einen Kaufladen zu Weihnachten. Rollenspiele sind zwischen zwei und vier Jahren interessant. Kleinkinder mögen außerdem gerne Puzzles. Zum Austoben ist ein Hüpfseil ideal.

also das richtige Alter für Kaufladen, Miniküche & Co., auch Duplo- oder Legosteine und Bilderbücher sind sehr angesagt.

✔ Bei den **Drei- bis Vierjährigen** stehen Malen und Modellieren ebenso hoch im Kurs wie Rollenspiele. Puzzles, Fädelspiele und Springseile fördern darüber hinaus die Feinmotorik und Koordination.

Spielen schult die emotionale Intelligenz und die soziale Kompetenz

Wenn Ihr Kind viel spielt, werden seine Kreativität und Fantasie angeregt. Außerdem entwickelt es Geschicklichkeit. Durch das Agieren mit anderen Kindern und auch Erwachsenen erwirbt Ihr Nachwuchs zudem eine größere soziale Kompetenz (siehe Kasten rechts), seine emotionale Intelligenz wird ebenfalls gefördert. Unter emotionaler Intelligenz verstehen wir den gekonnten Umgang mit den eigenen Gefühlen und denen anderer (siehe Seite 62 sowie »Spiele für Kleinkinder«, Seite 53). Die Kinder sind beim Spielen ganz automatisch gefordert, auch die Ideen und Wünsche ihrer Mitspieler zu beachten und deren Grenzen zu respektieren. Es kommt zum Konkurrenzkampf, nicht selten sogar zu kleinen Rangeleien, die friedlich gelöst werden müssen. Es gibt bestimmte Spielregeln, ohne die kein faires Miteinander möglich ist. Der Nachwuchs muss deshalb lernen, Geduld und Aufmerksamkeit für sein Umfeld an den Tag zu legen.

Bereits als Säugling nimmt Ihr Kind spielerisch Kontakt mit seinem Körper und seinem Umfeld auf. Nach und nach lernt es auf spielerische, ganz selbstverständliche Art und Weise, durch Imitieren seiner Vorbilder die wichtigen Dinge und Tätigkeiten des Alltags, um später einmal ganz selbstständig leben und handeln zu können.

Durch intensives Spielen erfährt Ihr Kind viel über seine eigenen Gefühle – sie zu erkennen und bewusst mit ihnen umzugehen. Das ist die beste Schulung der emotionalen Intelligenz und gleichzeitig nötig zum Erwerb der sozialen Kompetenz. Durch Spaß am Spielen, durch Freude am kreativen Schaffen erfährt es immer wieder ein Glücksgefühl. Es freut sich, wenn ihm etwas besonders gut gelingt, etwa ein schönes buntes Bild oder ein hoher Turm aus Bauklötzen oder Legosteinen.

Allerdings gehören auch Enttäuschungen schon früh zu seinem Leben. Es muss lernen, mit Niederlagen umzugehen und sich von Misserfolgen nicht entmutigen zu lassen, zum Beispiel wenn der selbst gebastelte Weihnachtsstern oder die Knetfigur für Mama nicht so schön und perfekt aussehen wie auf der Vorlage oder wenn der große Bruder viele Dinge besser kann.

Was heißt eigentlich »soziale Kompetenz«?

Der Begriff »soziale Kompetenz« entspringt dem Lateinischen »socius« (gemeinsam, verbunden) und »competere« (zusammentreffen). Sie ist ein Element der emotionalen Intelligenz und beinhaltet, auf welche Art Menschen ihre Beziehungen zu anderen gestalten. Personen mit hoher sozialer Kompetenz verfügen über gute kommunikative Fähigkeiten. Auch Teamgeist, Fairness, Durchsetzungs- und Einfühlungsvermögen sowie Toleranz spielen eine wichtige Rolle. Wenn Ihr Kind schon früh in seiner sozialen Kompetenz gefördert wird, hat es größere Chancen, seinen Lebensweg erfolgreich zu gestalten. Elemente der sozialen Kompetenz sind:

✗ **Ausdrucksvermögen:** Kann sich Ihr Kind verständlich machen? Kann es sein Wissen und seine Wünsche einbringen? Lehren Sie es schon früh, dass es sagen darf, was es will, und erkennen Sie seine Wünsche an.

✗ **Aufmerksamkeit:** Vermag Ihr Spross, anderen zuzuhören, andere Gruppenmitglieder zu beobachten? Hören Sie Ihrem Kind möglichst immer zu und nehmen Sie es als Mitglied der Gruppe ernst, damit es lernt, genauso zu agieren.

✗ **Offenheit:** Ist Ihr Nachwuchs offen für Anregungen? Kann er auch schon Kritik akzeptieren und ist er bereit, sich mit anderen auseinanderzusetzen? Machen Sie es in der Familie vor, sprechen Sie problematische Situationen durch.

✗ **Kooperation:** Das bedeutet, eigene Handlungsmöglichkeiten und Verantwortlichkeiten erkennen und wahrnehmen, sich auf die Handlungen anderer einstellen. Vermitteln Sie Ihrem Kind, dass es für die Konsequenzen seiner Handlungen auch selbst verantwortlich ist.

✗ **Gestaltung:** Dieser Punkt betrifft das Aufnehmen und Gestalten von zwischenmenschlichen Beziehungen. Ihr Kind muss lernen, sich in einer Gruppe zurechtzufinden, auch wenn es manchmal Enttäuschungen erlebt. Es nimmt eine bestimmte Position in der Gemeinschaft ein und soll sich in gruppendynamischen Prozessen angemessen verhalten.

✗ **Identifikation:** Diese bezeichnet die Fähigkeit, sich auf andere einstellen zu können und Konflikte situationsgerecht anzugehen. Für ein Kind ist das natürlich eine große Herausforderung! Behält es schon eine gute Balance zwischen Engagement und Abgrenzung?

Das Spielen und Lernen in der Gemeinschaft schärft auch das Bewusstsein für die Gefühle der anderen. Ihr Kind kann beobachten und nachempfinden, wie sich sein Spielkamerad freut oder ärgert. Das fördert seine Empathie (Mitgefühl). So gut wie alle Qualitäten der emotionalen Intelligenz und der sozialen Kompetenz werden durch das Spielen stimuliert. Ihr Sprössling lernt durch das Spiel zu kommunizieren, sich verständlich zu machen, sich immer gekonnter auszudrücken, seine Ideen und Gedanken darzulegen, aber auch den Vorstellungen anderer zu folgen und zuzuhören. Dies ist ein idealer Wegbereiter für seinen späteren Lebenserfolg und die wichtige Fähigkeit, mit anderen arbeiten und gut auskommen zu können.

SOFT SKILLS: EIGENSCHAFTEN, DIE IHR KIND BRAUCHT

Das intensive Spielen von Kindern stimuliert vor allem die Ausbildung der so genannten »Soft Skills«. Dabei handelt es sich um »weiche« Eigenschaften (englisch »soft« = weich), die für die Ausbildung der emotionalen Intelligenz und sozialen Kompetenz sehr förderlich sind. Sie stehen im Gegensatz zu den »harten« Fähigkeiten wie etwa mathematisches oder logisches Denken. Pädagogen und Psychologen sind sich einig, dass die Soft Skills in der Erziehung der Kinder eine zunehmende Rolle spielen sollten, damit sich der Nachwuchs in der immer komplexeren Gesellschaft gut zurechtfinden und behaupten kann.

Normalerweise fließen grundlegende Soft Skills wie Durchsetzungsvermögen, Ausdauer, Fleiß und Selbstbeherrschung bei den meisten Eltern sowieso in die Erziehung ein. Solche Tugenden werden den Kindern meistens ohnehin beigebracht. Was in Amerika als Unterrichtsfach (»Self Science«) auf dem Lehrplan steht, nämlich die Schulung der Persönlichkeit, wird bei uns in Deutschland eher stiefmütterlich behandelt. Dennoch gibt es hierzulande zahlreiche ambitionierte Lehrer, die das Ziel haben, ihren Schülern nicht nur intellektuelles Wissen, sondern auch moralische Werte zu vermitteln. Aber vor allem Sie als Eltern sollten versuchen, Ihren Kindern beizubringen und vorzuleben, wie man Werte pflegt. Dies ist gar nicht so schwer, denn Sie können die Soft Skills ganz spielerisch mit Ihrem Kind üben. Auf den Seiten 42 ff. »Die besten Lernspiele für jedes Alter«, stellen wir Ihnen einige Möglichkeiten vor, die für die Förderung der Soft Skills, also der emotionalen Intelligenz und der sozialen Kompetenz, besonders geeignet sind.

SPIELEN GIBT KINDERN HALT UND GEBORGENHEIT

Der Verein »Mehr Zeit für Kinder e. V.« betont im Familienhandbuch, dass Spielen als wichtiges Ritual für die ganze Familie eine große Bedeutung hat. Es soll vor allem den Kindern helfen, in einer Welt, die sich in rasantem Tempo verändert, Strukturen und Halt zu finden. Unser Nachwuchs braucht feste Regeln, um sich orientieren zu können. Eine Möglichkeit hierfür sind Rituale, die Sie als Eltern regelmäßig mit ihm zelebrieren sollten. Die Gutenachtgeschichte am Abend etwa oder

das gemeinsame Frühstück im Bett am Sonntagmorgen geben Ihrem Nachwuchs das Gefühl von Geborgenheit und Aufgehobensein. Sie werden sehen: Ihr Spross fragt immer wieder nach diesen vertrauten Zeremonien, denn er freut sich auf die Zeit mit Mutter und Vater. Daraus zieht er Stärke und Konzentrationsfähigkeit und bekommt mehr Vertrauen in die Welt. Gleichzeitig lernt er, auch in Zeiten von Kummer und Sorgen gefestigt und gelassen zu bleiben.

Der Zusammenhalt in der Familie wird ebenfalls durch Rituale gefördert: Alle freuen sich darauf, wenn sie an Weihnachten zusammen Raclette essen und danach voller Spannung die Päckchen auspacken oder wenn ein interessanter Spieleabend auf dem Programm steht, bei dem es wieder einen Überraschungssieger gibt. Möglicherweise haben auch Sie schöne Kindheitserinnerungen, etwa wie Sie selbst Weihnachten immer bei der Oma verbracht haben, die stets mit besonders leckeren Keksen aufwartete, oder an den Holzkranz, der jedes Jahr an Ihrem Kindergeburtstag mit wun-

Elterntest: Wo liegen Ihre eigenen Stärken?

Zu den Soft Skills gehören eine ganze Palette an Eigenschaften und Fähigkeiten. Natürlich sind diese nicht bei allen Menschen gleich ausgebildet. Jeder hat seine besonderen Stärken und Schwächen. Wenn Sie Ihr Kind gemäß der Soft Skills erziehen wollen, ist es für Sie selbst als Mutter oder Vater sehr interessant herauszufinden, wo Ihre eigenen Stärken und Schwächen liegen. Wir haben nachfolgend für Sie die wichtigsten Soft Skills aufgelistet:

✗ **Mut und Selbstvertrauen:** Können Sie sich durchsetzen, ohne andere dabei an die Wand zu fahren oder lassen Sie sich eher leicht einschüchtern? Wenn Sie klare Wunschvorstellungen und Ziele haben und an Ihre eigenen Stärken und Fähigkeiten glauben, dann haben Sie genügend Mut und Selbstvertrauen. Sie sind sich selbst und anderen gegenüber ehrlich und verdrängen unangenehme Gefühle und Erlebnisse nicht. Sie kennen außerdem Ihre Grenzen genau und brauchen diese nicht zu überschreiten. Zeigen Sie Ihrem Sprössling, dass Sie ihn ernst nehmen, dass Sie ihn immer lieben und wertschätzen. So bekommt er viel Selbstvertrauen.

✗ **Motivation und Enthusiasmus:** Können Sie in einer Arbeit vollkommen versinken? Jeder kennt das Gefühl, dass die Zeit verfliegt, wenn er etwas tut, was ihm richtig Spaß macht. Er ist dann vollkommen verschmolzen mit seiner Tätigkeit. Enthusiasmus ist jedoch nicht immer vorhanden, manchmal muss man auch Dinge erledigen, die eher eine lästige Pflicht sind. Die Fähigkeiten zur Begeisterung und die Selbstmotivation lassen sich jedoch schulen. Kinder sind von Natur aus begeisterungsfähig, hier können sie den Erwachsenen ein Vorbild sein. Wer engagiert und mit Freude arbeitet, wird auch immer genügend Ausdauer an den Tag legen.

✗ **Optimismus und Humor:** Eine positive Einstellung ist sehr wertvoll und hilft nicht nur, die kleinen Ärgernisse des Alltags zu überstehen, sondern auch größere Krisen zu bewältigen. Wächst Ihr Kind in einer fröhlich-optimistischen Atmosphäre auf, dann ist es auch später viel aufgeschlossener. Humor verbindet und schafft ein positives Arbeitsklima. Und Kinderlachen ist ungeheuer ansteckend!

✗ **Kreativität und Flexibilität:** Sind Sie ein fantasievoller Mensch? Unge-wöhnliche, innovative Denkmuster können helfen, ausweglos schei-nende Situationen oder Aufgaben zu meistern. Dabei halten Sie sich nicht mit »eingefahrenen« Denkstrukturen auf, sondern Sie finden eige-ne Ideen. Kreative Kinder empfinden Lernen nicht als lästige Pflicht, sondern es bereitet ihnen Freude. Um die Fantasie Ihres Kindes zu fördern, sollten Sie viel mit ihm musizieren, basteln und lesen.

✗ **Konzentration und Disziplin:** Können Sie sich gut auf eine Sache kon-zentrieren und diese mit Ausdauer zu Ende führen? Oder lassen Sie sich leicht ablenken? Konzentrationsfähigkeit kommt in unserer heutigen reizüberfluteten Gesellschaft immer mehr Menschen abhanden. Auch die Kinder haben zunehmend Schwierigkeiten, sich auf eine Sache zu konzentrieren, was sich leider meist negativ auf ihre schulischen Leis-tungen auswirkt. Deshalb ist es sehr wichtig, immer wieder zu üben, den eigenen Willen, die Gedanken und das Verhalten zu kontrollieren. Wer diszipliniert denkt und arbeitet, ist in der Lage, sich für etwas anzustrengen und sich großen Herausforderungen zu stellen.

✗ **Organisation und Kommunikation:** Herrscht in Ihrem Büro Ordnung oder eher Chaos? Können Sie zuhören und die anderen ausreden lassen? Ordnung und Selbstverwaltung sind erlernbar: Listen Sie Ihre Aufgaben nach Wichtigkeit und planen Sie genügend Zeit ein. Dies sollten Sie auch schon Ihrem Nachwuchs spielerisch vermitteln, denn Kommunika-tion ist heute das A und O. Wer sich klar und geschickt ausdrückt, ist im Vorteil. Doch auch in Beziehungen und in der Familie spielt Kommuni-kation eine wichtige Rolle. Ein gutes, einfühlsam geführtes Gespräch entfaltet eine große Kraft und schafft wertvolle Bindungen.

✗ **Teamgeist und Fairness:** Sind Sie hilfsbereit, können Sie sich in eine Gruppe einfügen und gönnen Sie auch Ihren Mitmenschen Erfolge? Teamgeist ist eine der wichtigsten sozialen Fähigkeiten, nicht nur im Sport, sondern auch in allen anderen Lebensbereichen wie in der Familie, in der Beziehung zu Freunden und im Beruf. Teamfähige, faire Menschen tun sich leicht im harmonischen Umgang mit anderen. Wenn Sie Ihrem Spross schon frühzeitig Gemeinschaftssinn und ein faires, aber dennoch nicht unkritisches Miteinander in der Familie vorleben, wird er auch in der Schule oder in der Freizeit ein guter Kamerad und Mitspieler sein.

derschönen bunten Kerzen bestückt war?

Wissenschaftler haben erkannt, wie wichtig regelmäßiges Spielen für Kinder ist: Die Kleinen sammeln grundlegende Erfahrungen, die sie im Alltag nutzen können. Sie lernen, gemeinsam zu handeln, neue Ideen zu entwickeln, Spannung und Entspannung auszuhalten, sich zu konzentrieren, zuzuhören, mit Sieg und Niederlage umzugehen und auch bestimmte Regeln einzuhalten. Und so ganz nebenbei werden zudem noch ihr Gedächtnis, ihre Fantasie und ihr logisches Denken gezielt trainiert.

Es wird hervorgehoben, wie sehr die Kinder vom Spiel in der Gemeinschaft profitieren. Hierbei erfahren sie, was es bedeutet, aufeinander angewiesen zu sein, sich aber auch gegenseitig aufeinander verlassen zu können. Dazu bringt das Spielen auch noch jede Menge Spaß und Stressabbau – und zwar nicht nur den Kindern, sondern auch den Erwachsenen. Lassen Sie das gemeinsame Spielen mit Ihrem Kind zu einer festen Einrichtung werden. Planen

Sie beispielsweise regelmäßige Spielnachmittage oder -abende, die Sie dann auch wirklich durchführen. Ihr Kind muss wissen, dass es während dieser Stunden mit Spielspaß und Ihrer ungeteilten Aufmerksamkeit rechnen kann. So zeigen Sie ihm, dass Ihnen gemeinsame Aktivitäten und das intensive Beisammensein wichtig sind. Gemeinsames Spielen verbindet und verbündet.

MIT ALLEN SINNEN DAS LEBEN KENNEN LERNEN

Wenn die Kleinen spielen, werden sie von ihrer Intuition beflügelt und von hoher Motivation getragen. Sie beschäftigen sich freiwillig und sehr engagiert mit Puppen, Autos, Bauklötzen und all den anderen Dingen. Kinder spielen nicht bewusst deshalb, weil sie etwas lernen wollen, aber ihr Spielen hat einen großen Lerneffekt. Alle Fähigkeiten und Funktionen, die sie zum Spielen brauchen, werden ganz automatisch trainiert und immer wieder verbessert. Kinder wie auch Erwachsene, die zum Beispiel gerne lesen, fotografieren oder malen, können im Lauf der

Spieleabende planen

- ✗ Kündigen Sie das Treffen an einer Pinnwand groß an.
- ✗ Verstecken Sie für Ihre Kinder Erinnerungszettel, beispielsweise in der Pausenbrot-Dose, im Schulranzen oder im Kleiderschrank.
- ✗ Je nach Teilnehmern können Sie auch Einladungskarten schreiben und an Familienmitglieder und Freunde verteilen.
- ✗ Kaufen Sie mit Ihrem Kind zusammen Knabbereien und Getränke ein, bereiten Sie gemeinsam den Spieltisch vor.

Zeit gerade diese Fähigkeiten verbessern, denn Übung macht ja bekanntlich den Meister. Kinder, die mit Knete basteln, zeichnen oder mit Playmobil-Figuren spielen, verbessern völlig unbeabsichtigt ihre Geschicklichkeit und haben obendrein noch jede Menge Spaß dabei.

Die Kleinen untersuchen, erforschen, verändern und konstruieren spielend die Wirklichkeit und machen sie sich zu eigen.

Wenn Ihr Sprössling spielt, erfährt er beispielsweise, dass ein Bauklotz am Boden liegen bleibt, ein Ball aber wegrollt. Er bekommt außerdem mit, dass eine Tasse zerbricht, wenn sie herunterfällt, dass ein Turm aus Bauklötzen, wenn er zerstört wird, jedoch nur vorübergehend kaputt ist und wieder aufgebaut werden kann. Ihr Nachwuchs lernt durch sein Spiel die Beschaffenheit und die Eigenschaften vieler Dinge kennen und vermag sich dann immer besser darauf einzustellen, damit selbst zu gestalten und Effekte zu bewirken.

Ihre kleine Tochter zieht Ihre hohen Schuhe an und stöckelt damit stolz im Zimmer umher. Oder sie »verarztet« ihr Püppchen und schickt es ohne Essen ins Bett, wenn es nicht artig ist. Ihr Sohn diskutiert mit seinen Kameraden, ob der Karton ein Schiff oder ein Haus darstellen soll. Die Kinder ahmen auf diese Weise die Welt der Erwachsenen nach und lernen gleichzeitig, sie zu verstehen.

Sicher haben Sie mit Ihrem Kind schon einmal »Telefonieren« gespielt: Es nimmt den Hörer, drückt auf den Tasten herum und sagt »hallo!«. Dann nehmen

Sie, die Mutter oder der Vater, einen unsichtbaren Hörer ab und antworten ebenfalls mit »hallo!«. Dies überrascht und erfreut Ihr Kind. Gemäß seinem derzeitigen Entwicklungsstand holt es aus erlebten Ereignissen die Stücke der Realität heraus, die es verstehen kann, spielt sie nach, verinnerlicht und verändert sie. Auf diese Weise entstehen so genannte »Spielskripte«, also Drehbücher, die seinem Alter entsprechen. Die Kinder entwickeln solche Spielskripte über das Telefonieren, das Einkaufen, den Doktor, die Polizei, die Feuerwehr und vieles mehr. Wenn Ihr Kind älter wird, werden auch die Skripte immer komplexer.

Durch das Spielen verarbeitet Ihr Spross seine Erlebnisse, er formt und erfüllt sich seine Wünsche. Er beschäftigt sich mit bestimmten Themen, mit guten und schlechten Erlebnissen. Ihr Kind will groß sein – stark wie seine erwachsenen Vorbilder. Es spielt beispielsweise, dass es ein Löwe ist, der andere angreifen und umwerfen kann. Im Spiel hat es Macht, im Spiel spürt es Stärke. Auch traurige Begebenheiten, ein Aufenthalt

im Krankenhaus oder die Trennung der Eltern, werden nachgespielt. Dies ist immer ein Versuch, das Erlebte zu verarbeiten.

Wenn Eltern streng sind, vermag der Nachwuchs diese im Spiel sogar verschwinden zu lassen. In seiner kleinen Fantasiewelt sind Vater und Mutter dann auf Reisen, im Krankenhaus oder bei der Arbeit. So bekommt der Spross Ruhe vor ihnen, er entzieht sich wenigstens während der Zeit des Spielens ihrer Strenge und Härte. Uns Erwachsenen gelingt diese Flucht vor der Wirklichkeit einfach nur durch Gedanken, etwa durch Tagträumereien oder bloße Vorstellungskraft.

DIE WELT DER BAUKLÖTZE, PUPPEN UND AUTOS

Spielzeug gibt es heute in solcher Fülle, dass man schnell den Überblick verliert und auch die Kinder oft schon nicht mehr genau wissen, wofür sie sich begeistern sollen. Sie haben die Qual der Wahl, und in manchen Kinderzimmern türmt sich das Spielzeug so hoch, dass viele Dinge nach kurzer Zeit in der Ecke landen und überhaupt keine Beachtung mehr finden. Sie als Eltern sollten die Spielsachen für Ihren Sprössling am besten nach der Devise »weniger ist mehr« auswählen. Außerdem gibt es eine Art »Basis-Spielzeug«, das von allen Kindern geliebt wird und gleichzeitig förderlich für ihre Entwicklung ist. Solche Spielsachen haben ihre Berechtigung im Kinderzimmer. Hier finden Sie einen Überblick:

Steine und Klötze für fantastische Bauwerke

Ob aus Holz oder aus Kunststoff, in Pastelltönen oder knallbunt, in Würfelform, als große und kleine Rechtecke oder Quadrate – Bausteine und Klötze bereichern die kleine Fantasiewelt Ihres Sprösslings ganz hervorragend. Mit etwa zwei Jahren ist Ihr Kind in der Lage, sich kleine Straßen und Türme zu bauen. Ein Jahr später dann konstruiert es vielleicht einen Zoo für seine Gummitierchen. Etwa im Alter von vier Jahren wird seine Welt noch reicher und bunter: Es entstehen Märchenschlösser und andere Fantasiegebäude, die Jungen bauen Ritterburgen und Tunnels für ihre Spielzeugautos. Baukästen, Bausteine und Holzklötze sind somit ein Muss für Kinder im Alter von zwei bis fünf Jahren und ideale Geschenke von den Eltern, Großeltern oder Tanten und Onkeln zu Weihnachten und zum Geburtstag. Denn damit können die Kleinen in die Welt der Fantasie eintauchen, ihre eigenen Ideen verwirklichen und Pläne für großartige Bauwerke schmieden.

Becher und Büchsen für unbegrenzte Fantasie

Erinnern Sie sich selbst noch an die Zeit in Ihrer Kindheit, in der Sie unbedingt ein Zauberer sein wollten? Vielleicht nachdem Sie einen Zauberer auf einer Bühne erlebt hatten? Einfach einen Gegenstand verschwinden lassen oder auch per Fingerschnippen einen Traum verwirklichen – das ist der Wunsch vieler Kinder. In jedem von ihnen steckt ein kleiner Zauberer. Die Kinder haben die wunderbare Fähigkeit, aus den einfachsten Dingen des Alltags auf magische Art und Weise etwas Großartiges werden zu lassen. Eine simple Kiste wird –

simsalabim – zu einem Rennwagen oder einer Pferdekutsche; aus ein paar Kissen und Decken wird eine geheimnisvolle Räuberhöhle gezaubert. Die Stapelbecher in verschiedenen Größen werden kurzerhand zu magischen Gefäßen umfunktioniert und bringen bunte Würfel und Murmeln zum Verschwinden. Auch mit ausgedienten Streichholzschachteln lässt sich so mancher Trick erfinden. Meist sind schon die einfachsten Behältnisse ganz großartige Zauberutensilien. Geben Sie Ihrem Spross Anregungen, damit er im Laufe der Zeit selbst Dinge erfindet und Materialien aus Ihrem Haushalt auf kindgerechte Weise für sein Spiel verwendet. Sie werden sich wundern, auf welche unglaublichen Ideen Ihr Kind oft kommt und wie es mit simplen Mitteln seine Träume zu verwirklichen vermag!

Stifte und Pinsel für kreative Künstler

Es ist einfach ein Riesenspaß, wenn Ihr Sprössling begeistert seine Fingerchen in bunte Farbtöpfe taucht und ein großes weißes Blatt mit seinen Kreatio-

nen verziert. Dann, etwas später, bekommt er seine ersten Buntstifte und malt Häuser, Bäume, eine Sonne und viele Blumen. Auch Wachsmalkreiden und Wasserfarben sind hervorragende Utensilien, mit denen sich die kleinen Künstler schöpferisch austoben können. Unterstützen Sie Ihr Kind, lassen Sie es viel malen, das beflügelt seine Fantasie. Das Experimentieren mit Farben, Stiften und Pinseln bereichert sein junges Leben und öffnet ihm neue Welten voller bunter Bilder und Gefühle. Ihr Spross blickt bewusster in seine Umgebung, er möchte sie abmalen und sich einprägen, seine räumliche Vorstellungskraft wird gestärkt.

Puppen und Bären für kuscheliges Beisammensein

Erinnern Sie sich noch an Ihre Lieblingspuppe mit den langen blonden Haaren? Oder vielleicht an den hellbraunen Plüschteddy, ohne den Sie partout nicht einschlafen wollten? Puppen und Kuscheltiere sind im Leben eines kleinen Kindes extrem wichtig. Sie sind zum Schmusen da, zum Scherzen, zum Spielen –

Wie Sie gutes Spielzeug erkennen

✗ **Ist Holzspielzeug für mein Kind besser?** Nein, es müssen nicht immer Holzspielsachen sein – Materialien, Formen und Farben dürfen bei den Spielwaren ruhig variieren. Unterschiedliche Erfahrungen mit den verschiedenen Sinnen schulen die Intelligenz Ihres Sprösslings.

✗ **Sollen wir immer das neueste Spielzeug kaufen?** Sie brauchen keineswegs immer dem Trend hinterherzulaufen. Vor allem Kleinkinder spielen genauso gerne mit Alltagsgegenständen wie Kochlöffeln, Papprollen, Schachteln oder Blättern.

✗ **Von welcher Qualität soll das Spielzeug sein?** Kinderspielsachen müssen möglichst belastbar sein. Vor allem Kleinkinder stecken alles in den Mund; Holzklötze und Ähnliches dürfen daher keine scharfen Kanten haben, von Stofftieren sollten sich auf keinen Fall Nase und Augen lösen, denn daran könnte Ihr Kleines ersticken. Malstifte und Fingerfarben müssen durch bitteren Geschmack abschrecken. Achten Sie unbedingt auf Warnhinweise, wie »Nicht geeignet für Kinder unter 3 Jahren«.

✗ **Welche Bedeutung haben Gütesiegel?** Mit dem »CE«-Zeichen oder dem Gütesiegel »GS-Geprüfte Sicherheit« versehene Spielsachen wurden auf ihre Sicherheit hin getestet; allerdings schließt das nicht unbedingt auch die Grenzwerte für Giftstoffe mit ein. Das »Spiel Gut«-Siegel wird vom »Arbeitsausschuss Kinderspiel + Spielzeug e. V.« vergeben: Wissenschaftler und Eltern beurteilen hier den Spielwert von Spielzeug-Neuerscheinungen und berücksichtigen dabei auch die Umweltverträglichkeit der Produkte.

✗ **Sind in Spielsachen auch Giftstoffe?** Trotz aller Gütesiegel finden Testlabors immer wieder Schadstoffe in Kinderspielzeug, beispielsweise so genannte Phthalate in Quietscheenten oder Puppenköpfen; Phthalate sind Weichmacher, die in Spielzeug für Kinder unter 36 Monaten verboten sind, weil sie hormonell wirken. Leider sind auch zinnorganische Verbindungen, die in kleinsten Mengen hormonell wirken können und vermutlich über die Haut aufgenommen werden, oder Allergien auslösende Farbstoffe keine Seltenheit. Informieren Sie sich bei der Stiftung Warentest oder bei Ökotest über getestete Produkte, um wirklich ganz sicher zu gehen.

und manchmal auch, um die kleinen Sorgen und Nöte eines Kindes aufzufangen. Die Puppe oder das Kuscheltier sind daher sinnvolle Begleiter Ihres Sprösslings in ganz jungen Jahren, die ihm in allen Lebenssituationen beistehen und Freud und Leid mit ihm teilen. Ein Teddy gibt Mut, er beruhigt und tröstet, er bringt Spaß und er beschützt Ihr Kind. Kleine Mädchen werden zur liebevollen Mutter fürs Babypüppchen, das heute sogar weinen und lachen kann, das gewickelt und gefüttert werden muss. Die Puppe ist aber häufig auch geduldige, verständnisvolle Gesprächspartnerin und Freundin.

Eisenbahnen und Autos für schnelle Fahrten

Wenn der Papa für seinen kleinen Sohn kurz vor Weihnachten beginnt, die Eisenbahn aufzubauen, dann leuchten nicht nur Kinderaugen. Denn bekanntlich haben ja die Väter jede Menge Spaß an dieser Beschäftigung und werden dadurch selbst an fröhliche Kindheitstage erinnert. Fest steht: Autos, Flugzeuge und Eisenbahnen faszinieren Kinder

seit jeher – vor allem natürlich die Jungen. Doch auch kleine Mädchen können sich durchaus für ein heißes Wettrennen auf der Carrera-Bahn des Bruders begeistern. Die Kinder tummeln sich in Lebensbereichen der Erwachsenen und haben ihre helle Freude an der Dynamik und Echtheit der Miniaturwelten, die sie ganz nach ihren Vorstellungen erschaffen und ausgestalten können.

Computer und Joysticks für virtuelle Räume

Kein Kind kommt heute um die Computerwelt herum. Im Gegenteil: Unser Nachwuchs hat großen Spaß daran, sich in virtuellen Sphären zu vergnügen, bei Strategiespielen die Oberhand zu gewinnen oder auch Vokabeln per CD-Rom zu pauken. Dieses »Spielzeug« ist sogar notwendig, damit die Schüler mithalten können, um für Referate und Aufsätze zu recherchieren. Obwohl sich Eltern oft weigern, Computerspiele und -konsolen zu schenken, finden die Jungen und Mädchen dann doch eine Möglichkeit – vielleicht bei einem Freund – sich

Spielsachen nach Charakter auswählen

Gutes Kinderspielzeug ist so vielseitig, dass es die unterschiedlichsten Charaktere anspricht. Darunter gibt es Spielsachen, die sehr zurückhaltende Kinder besonders gut aus der Reserve locken, wie auch solche, mit denen sich impulsive Sprösslinge richtig austoben können.

✗ Schüchterne Kinder brauchen Spielzeug, mit dem sie sich alleine beschäftigen können, etwa Puppen und Plüschtiere; auch Puzzles und ein Kaleidoskop, das einen hohen Aufforderungscharakter besitzt, ist für zurückhaltende Kinder geeignet. Weiterhin sinnvoll sind Beschäftigungen, die schnelle Erfolgserlebnisse versprechen, beispielsweise eine Kugelbahn oder ein Kreisel.

✗ Impulsive Kinder haben oft mehr Spaß an Spielzeug, das ihrer Neugier und ihrem Bewegungsdrang entspricht, etwa ein Rutschauto, Sandkistenzubehör, eine Schaukel oder ein Springseil.

damit die Zeit zu vertreiben. Auch Ihr Kind wächst in diese Medienwelt hinein, auch Ihr Kind benötigt eines Tages einen Computer oder einen Laptop und wird im Internet surfen. Zeigen Sie Ihrem Spross so gut Sie können den Weg durch den elektronischen Dschungel. Wählen Sie pädagogisch wertvolle Computer- und Lernspiele aus und verbieten Sie Ihrem Nachwuchs nicht, im Strom der Zeit zu schwimmen. Ein bewusster Umgang mit den Medien ist nützlich und aus unserem Leben mittlerweile nicht mehr wegzudenken.

Die besten Lernspiele für jedes Alter

SPIELE FÜR BABYS

Kann man denn mit einem Baby schon spielen? Bekommt es überhaupt etwas mit, wenn es gerade erst geboren ist? Ja, natürlich, sehr viel sogar, denn seine Sinne sind schon sehr gut ausgeprägt. Seine Wahrnehmungen werden während der ersten Monate immer besser. Aber Ihr Kleines benötigt am Anfang noch gar nicht viel Spielzeug. Stellen Sie daher nur wenig davon in sein Kinderzimmer. Oft ist es mehr die Leidenschaft der frisch gebackenen Mütter, Väter und Großeltern, viel Babyspielzeug zu kaufen und das Kleine damit zu überhäufen. Die Sachen sind so niedlich, die Vorfreude auf das Kind ist so groß, dass oft die Lust am Kaufen all der schönen Dinge nicht mehr gebremst werden kann. Aber in der ersten Zeit sind Spielsachen gar nicht so wichtig.

Von viel größerer Bedeutung ist es, sich mit dem Säugling ausführlich zu beschäftigen. Er kann gar nicht genug Zuwendung bekommen, denn Liebe und Aufmerksamkeit machen Ihr Baby klug und stark. Natürlich braucht der Winzling auch viel Ruhe. Die Zeiten, in denen Sie sich ausgiebig mit ihm befassen können, sind gerade in den ersten Wochen noch begrenzt, denn immerhin schläft Ihr Kind in dieser Zeit noch 16 bis 18 Stunden!

Wenn aber das Kleine wach ist, dürfen Sie nach Herzenslust mit ihm spielen. Als Spielsachen reichen einige wenige Gegenstände, die es gut greifen und in den Mund stecken kann, denn das tut Ihr Baby in den ersten Monaten am liebsten. Außerdem gefällt ihm alles, was groß und bunt ist und was sich bewegt, etwa ein farbenfrohes Mobile über dem Bett oder über der Wickelkommode. Auch Dinge, die angenehme Geräusche von sich geben, bringen ihm Spaß, beispielsweise eine lustige Spieluhr zum Aufziehen.

Von all diesen kleinen Sachen lassen sich Babys ungeheuer faszinieren. Sie sind eine gute Anregung für ihre Sinne.

So lernt Ihr Baby das Tasten und Fühlen

Der Tastsinn Ihres Neugeborenen ist schon gut ausgeprägt. Streicheln und Hautkontakt sind von Anfang an das Wichtigste. So ist es hervorragend, wenn Sie mit dem Körper Ihres Babys intensiv spielen und ihn liebkosen. Das tut ihm gut und macht ihm viel Freude. Ein wenig später beginnt Ihr Baby, Dinge zu greifen und zu erfühlen. Stoffpüppchen, Beißringe, ein Schmusetuch aus weichem, kuscheligem Material wie Plüsch oder Frottee – all das ist ideal, um Ihrem Kleinen im Bereich des Tastens und Fühlens ganz unterschiedliche Eindrücke zu vermitteln.

✔ **Babymassage:** Massieren und streicheln Sie den Bauch Ihres Winzlings ganz sanft in kreisenden Bewegungen; wenn es ihm gefällt, dann kitzeln Sie seine Füßchen ein klein wenig. Sie können auch einen Finger in sein Händchen legen, damit es ihn umschließt. Beugen Sie die Knie Ihres Säuglings ein paar Mal und ziehen Sie ihn aus der Rückenlage ganz behutsam nach oben.

✔ **Hautkontakt:** Sie dürfen ruhig so viel Hautkontakt wie möglich mit Ihrem Baby haben. Die Haut ist unser größtes Sinnesorgan und sehr sensibel. Sie nimmt viele Eindrücke auf, die für Ihr Kind wertvoll sind. Daher sollten Sie jede Gelegenheit im Alltag nutzen – Baden, Wickeln und Anziehen – um das Fühlen bei Ihrem Baby zu schulen.

✔ **Fingerspiele:** Es gibt zahlreiche Verse für Kinder jeden Alters. Vor allem die Reime für Babys, die Sie Ihrem Kind vorsprechen und gleichzeitig mit Ihren Fingern an die entsprechenden Körperteile tippen oder das Kleine anpusten oder streicheln, machen ihm viel Freude. Es juchzt und lallt und kann wahrscheinlich gar nicht genug von diesen lustigen Sprüchen hören. Im Buchhandel finden Sie zahlreiche Bücher mit Fingerspielen für die Jüngsten. Ein Beispiel: Benetzen Sie Ihre Hände mit ein wenig Babyöl und massieren Sie dann sanft den Rücken Ihres Winzlings oder klopfen Sie leicht mit den Fingerspitzen darauf. Dabei sprechen Sie diesen Vers: »Hoppel-poppel kommt Hamster Moppel und saust – dideldum – auf dir herum, tanzt – holdrio – auf deinem Po und deinem Rücken voller Entzücken.«

✔ **Einen Gegenstand erkunden:** Während Sie Ihren Winzling wickeln, können Sie ihm etwas in die Hand geben, beispielsweise die weiche Babybürste, die Sie täglich für seine Körperpflege benutzen, oder auch das verschlossene Cremetöpfchen. Es darf jedoch keine scharfen Kanten haben.

✔ **Verschiedene Materialien kennen lernen:** Natürlich gibt es auf dem Markt sehr viel Spielzeug, das für Babys erste Tast- und Greifübungen sehr gut geeignet ist. Ein kleiner, kindgerechter Knautschball oder ein Greifring sind sinnvoll, um verschiedene Materialien zu erfühlen und zu erforschen.

✔ **Entdeckungsreise für die Füße:** Bereiten Sie eine kleine Straße vor, die Ihr Kind dann mit nackten Füßen erfühlt. Legen Sie unterschiedliche Materialien auf den Weg: etwas Sand, kleine runde Kieselsteine, weichen Stoff, Erde, Plastikfolie, weiches Moos, Kastanien und vieles mehr. Achten Sie darauf, dass Sie keine spitzen Dinge verwenden. Lassen Sie Ihr Kleines dann mit den Füßen über die verschiedenen »Straßenpflasterungen« gleiten, es hat sicher Freude daran, die unterschiedlichen Bodenbeläge zu fühlen und zu sehen.

✔ **Bunte Fantasiekissen:** Ein kleines Kissen in der Größe von etwa 20 mal 20 Zentimetern ist aus buntem Stoff schnell genäht. Stellen Sie mehrere solcher Kissen her und befüllen Sie diese mit den verschiedensten Materialien, zum Beispiel mit Kirschkernen, Knöpfen, Zeitungspapier oder Watte. Ihr Kleines darf sich darauf legen, die Inhalte ertasten und nach Belieben damit spielen. Es wird auch entdecken, dass jedes Kissen beim Bewegen anders klingt.

✔ **Kneten und walken:** Wenn Sie einen Kuchen oder Plätzchen backen, lassen Sie Ihren Spross ruhig auch den Teig befühlen und darin herummantschen. Unter Aufsicht darf er schon früh mit Knetmasse in Berührung kommen oder im Sand wühlen. Behalten Sie Ihr Kind dabei jedoch immer im Auge, denn nur allzu schnell landet etwas im Mund. Geben Sie aber dennoch Ihrem Kleinen möglichst oft die Gelegenheit, seinen Tastsinn anzuregen.

✔ **Wasserspiele:** Nicht nur in der Badewanne oder im Schwimmbad können Sie Ihrem Kind das Element Wasser nahe bringen. Spritzen Sie im Hochsommer draußen im Garten einen sanften Strahl aus dem Schlauch über seine Händchen und Beinchen, es wird lachen und kreischen vor Freude. Sie können auch etwas Wasser von einem Becher in einen anderen füllen, dann darf es seine Hände darin eintauchen oder das Wasser selbst umfüllen. Hierbei wird Ihr Kind, vor allem wenn es ein wenig älter ist, besonders viel Ausdauer an den Tag legen.

✔ **Rollende Bälle:** Ein kleiner Ball darf in keinem Kinderzimmer fehlen. Auch ein Noppenball ist interessant. Ihr Baby wird schnell merken, dass der Ball wegrollt, wenn es ihn berührt oder es wird die Noppen befühlen. Verwenden Sie den Noppenball auch für eine kleine, sanfte Massage über seine Schultern und seinen Rücken. Vielleicht imitiert es Sie dann und möchte auch Sie ein wenig massieren.

So schulen Sie das Hören Ihres Babys

Einfache Alltagsgeräusche kennt ein Baby schon und es lernt, sie mit der Zeit immer besser zu unterscheiden. Bald weiß es, wann die Mutter ins Zimmer kommt, es hört ihre Schritte und weiß, dass nun Hilfe und Trost nahen. Auch die Stimmen der Eltern und Geschwister, die ihm bereits seit der Zeit im Mutterleib vertraut sind, erkennt es wieder. Ihr Kind braucht zudem Töne und Geräusche, die ihm das Gefühl von Geborgenheit vermitteln. Lesen Sie mehr darüber im Kapitel »Warum Musik für Ihr Kind so wichtig ist« ab Seite 101.

✔ **Dem Baby vorsingen:** Können Sie gut singen? Dann ist jede Melodie, die Sie Ihrem Kleinen präsentieren, ein Ohrenschmaus für ihn. Kinder lieben es, wenn sie etwas vorgesungen bekommen. Übrigens: Auch wenn Sie nicht so musikalisch sind, hat Ihr Kind Freude daran, vorausgesetzt, das Singen macht Ihnen selbst Spaß.

✔ **Fröhliche Kinderlieder:** »Hänschen klein, ging allein, in die weite Welt hinein ...« oder »Alle meine Entchen schwimmen auf dem See ...« – solche und andere Kinderlieder sind gut geeignet zum Vorsingen und, wenn Ihr Kind dann größer ist, auch zum Mitsingen. Ein leise gesungenes Schlaflied kann zum schönen Ritual werden und die Schlummerzeit auf liebevolle Weise ankündigen.

✔ **Spieluhr:** Auch eine Spieluhr sollte im Kinderzimmer ihren festen Platz haben. Die sanften Melodien von Abendliedern wie »Guten Abend, gute Nacht« oder »Der Mond ist aufgegangen« wiegen Ihr Baby ganz sanft in den Schlaf.

Körperkontakt

Vor allem in seinen ersten Lebensmonaten benötigt Ihr Säugling viel Nähe und Sicherheit. Daher ist gerade der Körperkontakt zu Mutter und Vater besonders wichtig. Ihr Kleines möchte herumgetragen und gewiegt werden, es braucht das Gefühl, gehalten und geborgen zu sein. Haben Sie kein schlechtes Gewissen dabei, denn während der ersten Monate können Sie Ihr Kind gar nicht genug verwöhnen. Die Sicherheit, die es dadurch bekommt, ist die Basis für sein weiteres Leben und stärkt sein Selbstbewusstsein. Mutter und Vater sind die ersten wichtigen Personen für den Säugling, die ihm zeigen müssen, dass er angenommen und geliebt wird. Erst ein wenig später, nach ein paar Monaten, wendet sich Ihr Kleines auch anderen Personen mit Interesse zu.

✔ **Melodien aus dem Radio oder CD-Player:** Es müssen nicht immer Kinderlieder sein, die Ihr Baby zu hören bekommt. Schalten Sie zwischendurch einmal das Radio an, wenn Ihr Kind gerade wach ist oder legen Sie eine CD mit einer eingängigen Melodie ein und tanzen Sie mit Ihrem Baby auf dem Arm durch den Raum. Das macht ihm Freude, er hört mit Ihnen zusammen die Musik und wird gleichzeitig getragen, was ihm viel Geborgenheit vermittelt. Auch klassische Melodien können Sie und Ihr Kind begeistern.

✔ **Instrumente aus dem Haushalt:** Ein kleiner Kochtopf oder eine Plastikschüssel (etwas leiser) sind eine wunderbare Trommel, auf die Ihr Kleines nach Herzenslust mit dem Kochlöffel schlagen darf.

✔ **Auf Instrumenten Musik vorspielen:** Lernen Sie als Vater oder Mutter vielleicht gerade selbst ein Instrument oder spielen Sie es schon sehr gut? Geben Sie Ihrem Nachwuchs ruhig hin und wieder ein Konzert auf der Gitarre, auf der Flöte oder am Klavier. Sie werden sehen, er freut sich sehr darüber. Vielleicht legen Sie damit auch schon den Grundstein dafür, dass er in ein paar Jahren den Wunsch äußert, selbst ein Instrument zu erlernen.

Babyspielzeug

Bitte achten Sie sehr genau darauf, dass Sie Ihrem Säugling nur Spielsachen geben, die auch wirklich geeignet sind. Babyspielzeug muss ungiftig und darf nicht zu klein sein, damit Ihr Kind es nicht verschlucken kann. Es sollte außerdem keine scharfen Kanten aufweisen. Lassen Sie Ihr Baby möglichst nicht aus den Augen, wenn es alleine spielt.

✔ **Sprechen Sie viel mit Ihrem Baby:** Die Winzlinge lieben es, wenn die Eltern mit ihnen sprechen. Ihr Kind wird seinen Spitznamen bald am Klang erkennen und sich dann dadurch angesprochen fühlen.

✔ **Gespräche anderer Personen:** Ihr Baby liebt es, unter Menschen zu sein und schon richtig »mitzureden«, auch wenn es noch gar nicht sprechen kann. Babys und Kleinkinder hören vor allem größeren Geschwistern und Freunden gerne zu. Bieten Sie Ihrem Baby viele Möglichkeiten, mit anderen Menschen zusammen zu sein und deren Stimmen zu lauschen.

✔ **Entspannung und Ruhe:** Auch das ist ganz wichtig für Ihren Winzling. Trubel macht Ihrem Kind Freude, aber zwischendurch braucht es ab und zu Stille – auch wenn Mama und Papa dabei sind. Gönnen Sie Ihrem Kind kleine Auszeiten, in denen nichts gehört und nichts gesprochen wird. Das stärkt seine Fähigkeit, sich später einmal gut konzentrieren zu können und ganz bei sich selbst zu bleiben.

So lernt Ihr Baby das Sehen

Ihr Neugeborenes kann schon Hell und Dunkel unterscheiden. Wenn die Kleinen wach sind, tut es ihnen gut, wenn sie kleine optische Reize erhalten. Zuerst können die Säuglinge Rot, Weiß und Schwarz unterscheiden. Wenn das erste Spielzeug also in ein oder zwei dieser Farben bemalt ist, bekommt das Auge Ihres Babys schon etwas Interessantes zu sehen.

✔ **Gesichter erkennen:** Die Gesichter von Mama und Papa sind ganz wichtig für das Kleine. Schon nach einiger Zeit kann es die Gesichter seiner Eltern in einem Abstand von etwa dreißig Zentimetern unterscheiden. Es freut sich, wenn Vater und Mutter auftauchen. Schneiden Sie Grimassen, formen Sie einen Kussmund, rümpfen Sie die Nase, lachen und scherzen Sie mit Ihrem Kind. Natürlich blicken Sie zwischendurch auch einmal ernst drein, denn auch das nimmt Ihr Baby schon sehr genau wahr.

✔ **Bunte Seidentücher:** Vielleicht haben Sie einfache Tücher in verschiedenen Farben zu Hause? Zeigen Sie diese Ihrem Kind in langsamem Wechsel. Nach und nach lernt es, die Farben zu unterscheiden.

✔ **Licht und Schatten:** Da Ihr Baby zunächst nur Hell und Dunkel unterscheiden kann, ist es schon sehr interessant, wenn es von einer fensterlosen, recht dunklen Garage hinaus auf die Straße gefahren wird, wo die Sonne scheint. Bieten Sie Ihrem Kind immer wieder solche Hell-Dunkel-Effekte, beispielsweise während eines gemütlichen Spaziergangs im Wald. Dort nimmt es auch viele andere Reize mit seinen Sinnen wahr: Es riecht die frisch duftende Waldluft und es hört das muntere Zwitschern der Vögel. Sicher wird es all diese Eindrücke mit Interesse aufnehmen, um dann, nach einer Weile, zufrieden einzuschlafen.

✔ **Leuchtender Glanz und herrliches Glitzern:** Besonders imposante optische Eindrücke verschaffen Sie Ihrem Kind, wenn es beispielsweise einen funkelnden Kerzenhalter ansehen darf, oder wenn Sie in einem dunklen Raum eine Kerze anzünden. Auch Mamas glitzernder Ohrschmuck ist ein interessanter Blickfang für das Kleine, nach dem es wahrscheinlich schon bald greifen möchte.

✔ **Windspiele und Mobiles:** Alles, was sich bewegt, weckt die Aufmerksamkeit Ihres Babys. Hängen Sie ein schlichtes, farbenfrohes Mobile über sein Bettchen oder über seine Wickelkommode. Es wird die Bewegungen der kleinen Figuren sicher begeistert verfolgen. Vielleicht macht Ihrem Kind auch ein bunt lackiertes Windspiel auf der Terrasse Freude; es bietet durch seine sanften Töne zu-

sätzlich einen interessanten akustischen Reiz.

✔ **Bunte Spielsachen:** Lassen Sie ein Spielzeug vor dem Gesicht Ihres Sprösslings nach links und nach rechts, nach oben und nach unten wandern. Er wird es mit seinen Augen verfolgen. Wenn Ihr Kind ein paar Wochen alt ist, bewegt sich dann der ganze Kopf mit. Noch interessanter ist der Gegenstand, wenn er sanfte Geräusche von sich gibt, etwa durch eine Rassel oder ein Glöckchen.

✔ **Spiegelbild:** Stellen Sie sich mit Ihrem Kind auf dem Arm vor einen großen Spiegel und schneiden Sie Grimassen. Ihr Kleines wird fasziniert sein von dem, was es sieht. Irgendwann ist es dann in der Lage, Sie nachzuahmen. Auch dieser kleine Entwicklungsschritt ist ein besonderer Moment.

So lernt Ihr Baby Bewegung und Balance

Die Ausbildung der motorischen Fähigkeiten hat in der frühkindlichen Entwicklung eine herausragende Bedeutung. Die ersten

Übungen zum Training seiner Muskeln (und gleichzeitig seines Gehirns) unternimmt Ihr Baby durch das Strampeln. Zunächst sind die Bewegungen von Ärmchen und Beinchen noch unkontrolliert. Langsam lernt es dann, seinen Körper zu entdecken. Ihr Kleines erlebt das Strampeln als großen Genuss. Seine Freude darüber drückt es durch Lachen und vergnügtes Quietschen aus. Lassen Sie Ihrem Kind so viel Bewegungsfreiheit wie möglich, bremsen Sie es nicht durch zu feste Windelpakete oder eng anliegende Strampelanzüge und unterstützen Sie es in seiner motorischen Entwicklung.

✔ **Baden – das schönste Spiel der Welt:** Es muss nicht unbedingt das Babyschwimmen außer Haus sein (siehe Kasten Seite 52), auch das Baden in der eigenen Wanne ist ein sinnlicher, erfahrungsreicher Genuss für Mutter und Kind, bei dem das Kleine nach Herzenslust strampeln und plantschen kann. Benutzen Sie einen zart duftenden Badeschaum. Ihr Kind wird es wundervoll finden, wenn Sie mit ihm eine Schaumburg bauen

oder wenn Sie sich mit Badeschaum »verkleiden«. Verwenden Sie unbedingt ein Schaumbad für Babys. Dieses ist unschädlich, falls es doch einmal im Mund Ihres Kindes landet, was bestimmt vorkommen wird. Erfreulicherweise enthalten Baby-Badezusätze heute keine Schadstoffe mehr, sodass Sie dabei nichts zu befürchten haben.

✔ **Spiel mit den Füßen:** Sprechen Sie mit den Füßen Ihres Kindes, fragen Sie: »Hallo, Ihr Füße, wie heißt Ihr denn?« Dann sagt der eine Fuß: »Ich heiße Hampel.« Der andere Fuß sagt: »Ich heiße Strampel.« Dabei bewegen Sie den jeweiligen Fuß. Treffen sich Hampel und Strampel, sagen sie sich gegenseitig »hallo«. Die beiden Füße machen nun allerhand Unsinn. Erzählen Sie Ihrem Kind dabei eine kleine Geschichte und lassen Sie die Füßchen dazu spielen. Am Schluss laufen beide weg und strampeln ganz schnell.

✔ **An Mamas Händen hochziehen:** Irgendwann wird es Ihrem Kleinen gelingen, sich an Ihren

beiden Händen von der Rückenlage zum Sitzen hochzuziehen.
Bieten Sie ihm immer wieder
einmal diese Möglichkeit an,
bis es dies schafft. Die Freude
wird groß sein. Aber zwingen
Sie Ihr Kind keinesfalls dazu.

✔ **Gymnastikball:** Haben Sie in
der Schwangerschaft mit einem
Pezziball Gymnastikübungen gemacht? Dieser Ball ist jetzt auch
für Ihr Kind ein schönes Turnge-
rät. Legen Sie das Baby bäuch-
lings auf den Ball und halten
Sie es gut dabei fest! Bewegen
Sie den Ball nun leicht hin und
her – so bekommt Ihr Kind
schon ein bisschen das Gefühl
für Balance.

So verfeinert Ihr Baby seinen Geruchssinn

Auch Düfte spielen schon eine
große Rolle im Leben Ihres Kindes. Vor allem der Geruch von
Vater und Mutter ist ihm von der
ersten Lebensstunde an vertraut.
Führen Sie Ihren Spross durch
die Welt der Wohlgerüche und
geben Sie ihm im Alltag viel Gelegenheit dazu. Indem Sie ihm
verschiedene Düfte anbieten,
verfeinert es seinen Geruchssinn.

✔ **Düfte im Kinderzimmer:** Be-
duften Sie den Raum Ihres Babys doch hin und wieder einmal
ganz leicht mit einer Aromalam-
pe, beispielsweise mit ein wenig
Lavendelöl. Das beruhigt und
gibt ihm das Gefühl von Geborgenheit.

✔ **Der Duft der Mutter:** Wenn Ihr
Kleines an einem fremden Ort
ist, beispielsweise einmal bei
der Oma schläft, fühlt es sich
dort schneller wohl, wenn es
ein Kleidungsstück seiner Mama
mitnehmen darf, das nach
ihrem Parfum riecht.

✔ **Köstliche Waldluft:** Wenn Sie
mit ihrem Kleinen im Kinderwagen öfter einmal im Wald spazieren gehen und dort ausgiebig
die gesunde Luft schnuppern
lassen, wird es sicher auch im
späteren Leben immer wieder
gerne dorthin gehen und sich
an die frühen Tage der Kindheit
erinnert fühlen.

✔ **Das lieb gewonnene Kuscheltier:** Vielleicht hat Ihr Kind sich
schon ein Lieblings-Kuscheltier
auserkoren, das jede Nacht in
seinem Bettchen schlafen darf

Spielspaß im kühlen Nass

Babys lieben es, im Wasser zu sein. Kein Wunder, denn schließlich halten sie sich vor ihrer Geburt bereits neun Monate lang im Fruchtwasser auf. Die folgenden Punkte sollten Sie beachten, wenn Sie mit Ihrem Baby baden gehen:

✘ Ihr Kind sollte auf keinen Fall jünger als acht Wochen sein und weder einen Schnupfen, noch einen Infekt haben.

✘ Füttern Sie es etwa eine Stunde vor dem Plantschvergnügen und achten Sie darauf, dass es gut ausgeruht ist. So kann es das Bad genießen.

✘ Das Wasser sollte etwa 33 °C warm und nicht zu stark gechlort sein.

✘ Wenn Sie Lust haben, gehen Sie mit Ihrem Säugling auch unter Wasser, denn er hat einen angeborenen Reflex, der verhindert, dass er unter Wasser atmet.

✘ Wählen Sie einen Kurs mit einer erfahrenen Leiterin aus, die gefühlvoll auf die Bedürfnisse Ihres Sprösslings eingeht.

✘ Ihr Kind sollte sich frei im Wasser bewegen, ohne Hilfsmittel wie Bretter, Schwimmflügel oder Ähnliches.

✘ Duschen Sie Ihr Baby nach dem Schwimmen kurz ab und hüllen Sie es dann rasch in ein warmes Handtuch ein. Eine kleine Mahlzeit sollte bereitstehen, denn der Hunger ist jetzt groß. Nach der Trink- oder Breimahlzeit ist Ihr Winzling dann sicher richtig müde.

und auch tagsüber sein steter Begleiter ist? Was Ihr Baby nach einiger Zeit an diesem Kuscheltier besonders mag, ist sein gewohnter Geruch, der Geborgenheit vermittelt. Packen Sie das Spielzeug daher nicht zu oft in die Waschmaschine, denn der eigene, vertraute Duft muss sich nach dem Waschen darin erst wieder ansammeln.

✔ **Frisches Obst und Gemüse:** Sicher nehmen Sie Ihr Baby oft mit auf den Markt zum Einkaufen. Zeigen Sie ihm auch hier die Welt der Düfte und Wohlgerüche, lassen Sie es an frischen Kräutern, an Obst und Gemüse, Brot und Käse riechen und bringen Sie ihm so die kulinarischen Genüsse über den Geruchssinn näher.

So lernt Ihr Baby das Schmecken

Wenn Ihr Kleines erst einmal von der Muttermilch genug hat, entdeckt es sehr rasch seinen eigenen Geschmack; es weiß schon genau, was ihm mundet und was nicht. Lassen Sie es viele Erfahrungen sammeln und fördern Sie dadurch seinen Geschmackssinn. Ihr Kind sollte vor allem abwechslungsreich ernährt werden, nachdem die Umstellung von der Muttermilch auf feste Nahrung geglückt ist. Sein Geschmackssinn muss sich nun verfeinern und von süßer Milch auch auf herzhaftere Aromen umschwenken. Von besonderer Bedeutung sind hier die Essgewohnheiten in der ganzen Familie. Sie üben schon früh einen Einfluss auf die Geschmacksbildung Ihres Kindes aus.

✔ **Süßliche Muttermilch:** Zunächst kennt Ihr Baby nur seine Nahrung aus der Flasche oder aus Mamas Brust. Ein Stillkind erlebt in den ersten Wochen seines Lebens nur die ganz feinen Unterschiede im Geschmack der Muttermilch, die daher rühren, dass die Mutter unterschiedliche Dinge isst. Während dieser Zeit sollten Sie Nahrungsmittel zu sich nehmen, die dem Kind keine Blähungen verursachen.

✔ **Abwechslung bringt Freude:** Bieten Sie Ihrem Kind nach dem Abstillen langsam immer abwechslungsreichere Kost an. Lassen Sie es teilhaben an der Herstellung seines Essens und geben Sie ihm zum Beispiel die Karotten zum Beschnuppern und zum Befühlen. Wechseln Sie zwischen praktischen Fertiggläschen und selbst gekochter Nahrung ab, damit Ihr Kleines sich nach und nach auf die verschiedensten Geschmacksrichtungen einstellt.

SPIELE FÜR KLEINKINDER

Nach dem ersten Lebensjahr verändert sich viel für Sie und Ihr Kind. Es ist nun kein Baby mehr und hat in den vergangenen zwölf Monaten so viel gelernt, dass es bestens gerüstet ist, um voller Schwung in die Kleinkindphase einzutreten. Nun wird einiges passieren! Ihr Kind schult seine Sinne immer besser, es verfeinert seine Fähigkeiten. Aus einzelnen gesprochenen Wörtern werden nun bald Zwei- und Dreiwortsätze, die nach und nach auch grammatikalisch immer korrekter daherkommen. Ihr Kleines plappert des Öfteren laut vor sich hin, es kann Ihnen klar und deutlich mit eigenen Worten sagen, was es will. Es nimmt gerne Kontakt mit anderen Kindern auf; es tobt und klettert und hat viel Freude an Bewegung. Doch nicht nur das: Es will seine Umgebung genau erforschen, was für Sie jedoch ziemlich anstrengend ist, denn Sie müssen viele Dinge aus seiner Reichweite entfernen. Jetzt ist nämlich nichts mehr vor Ihrem Kind sicher. Was in den untersten Regalen steht, räumen Sie wahrscheinlich nach oben oder woanders hin.

Aber nicht nur innerhalb Ihres Hauses oder Ihrer Wohnung müssen Sie dafür sorgen, dass Ihr Kind gefahrlos spielen kann, auch Ihren Garten sollten Sie kindersicher gestalten, damit sich Ihr Spross dort nach Herzenslust austoben kann. Er darf nicht Gefahr laufen in einen Teich zu fallen oder eine Böschung hinabzustürzen. Alles muss umzäunt und kindgerecht

Nicht zu früh zufüttern!

Ernährungsexperten und Kinderärzte empfehlen, nicht vor dem fünften Lebensmonat Beikost zu geben, denn bis dahin sind die Nährstoffe in der Muttermilch oder Fertig-Milchnahrung vollkommen ausreichend. Durch zu rasches Zufüttern steigt das Allergierisiko Ihres Kindes. Erst ab dem fünften Monat braucht das Baby eisenhaltigere Kost, zum Beispiel Gemüse- und Fleischmahlzeiten.

abgesichert werden, denn Ihr Kind probiert jetzt wirklich alles aus: Es balanciert auf Balken, es turnt auf dem Klettergerüst, es springt über Steine und Pflanzen, was manchmal noch nicht so gut gelingt. Der Forscherdrang Ihres Kindes kennt kaum Grenzen. Deshalb werden Sie als Eltern es immer wieder ein wenig bremsen müssen.

Ein weiterer großer Einschnitt ist dann der Eintritt in den Kindergarten. Im Umgang und in der Auseinandersetzung mit Gleichaltrigen wird Ihr Nachwuchs emotionale und soziale Fähigkeiten erwerben, die sein ganzes späteres Leben nachhaltig prägen.

Bausteine, Bilderbücher und viel Bewegung

Auch in der Kleinkindphase ist es sehr wichtig, dass Sie als Eltern nicht an Lob für Ihr Kind sparen. Ihr Kleines möchte immer wieder ermutigt werden und freut sich über winzige Spielerfolge, etwa einen selbst gebauten Turm, der nicht umfällt. Nehmen Sie sich auch jetzt viel Zeit für Ihren Spross, machen Sie ihm aber keinen Stress, sondern spielen Sie mit ihm und unterstützen Sie ihn in seinem Lernprozess. Hier die wichtigsten Spieltipps für das Kleinkindalter:

✔ **Abwechslungsreiche Spielsachen:** Das Spielzeug sollte nicht eintönig sein, aber Sie dürfen Ihr Kind auch nicht mit zu vielen Dingen überhäufen. Finden Sie einen guten Mittelweg. Geben Sie ihm Dinge, die es auseinander nehmen und untersuchen kann. Auch eine kleine Holzente oder ein Auto an einer Schnur zum Hinterherziehen sind jetzt angebracht.

✔ **Hilfe im Haushalt:** Binden Sie Ihren Nachwuchs spielerisch in Ihre Hausarbeit ein und lassen Sie ihn einfach von Zimmer zu Zimmer mitgehen und zusehen. Sie werden erstaunt sein, wie gerne er das macht und dass er auch selbst Hand anlegen will. Hier müssen Sie allerdings über dunkle Putzstreifen am Fenster oder auf den Badezimmerfliesen hinwegsehen. Für Ihr Kind ist das alles sehr aufregend.

✔ **Viele Anregungen bieten:** Freuen Sie sich über die wache Aufmerksamkeit und die Neugierde Ihres Sprösslings und schränken Sie seinen Forscherdrang so wenig wie möglich ein. Beantworten Sie ihm seine Fragen immer geduldig und sorgen Sie dafür, dass er stets beschäftigt ist. Natürlich sollte Ihr Kind auch für eine Weile alleine mit seinen Bauklötzen, Autos oder Puppen spielen können.

✔ **Mama und Papa spielen mit:** Wenn es möglich ist, sollte nicht nur die Mutter, sondern auch der Vater mit dem Kind regelmäßig spielen. Frauen und Männer sind ganz unterschiedlich, so bekommt Ihr Kleines sowohl die männliche als auch die weibliche Spielweise mit. Am besten ist es natürlich, wenn sich beide Elternteile bereits seit der Geburt ausgiebig mit dem Kind befassen!

✔ **Erste Kinderbücher:** Schauen Sie mit Ihrem Nachwuchs gemeinsam immer wieder Bilderbücher an. Erklären Sie, was darin zu sehen ist und lassen Sie sich von Ihrem Kind erzählen, was ihm am besten gefällt. Wenn Mutter und Kind zusammen in ein Buch eintauchen, ist das auch ein Stück Geborgenheit, die der Nachwuchs dringend braucht (siehe auch »Die besten Bücher für jedes Alter«, Seite 93).

✔ **Ausreichend Platz:** Ihr Dreikäsehoch soll seinen Bewegungsdrang ausleben dürfen. Sorgen Sie dafür, dass er innerhalb Ihres Hauses oder Ihrer Wohnung eine große Spielecke oder gar ein Zimmer für sich hat. Gehen Sie zudem viel mit ihm nach draußen, auf den Spielplatz, zum Schwimmen oder in den Wald. Vielleicht mag Ihr Kind eine Turngruppe mit Gleichaltrigen besuchen? Bewegung stärkt den ganzen Körper und ist wichtig für den Gleichgewichtssinn und das Koordinationsvermögen.

So schulen Sie das Hören und Sprechen Ihres Kleinkindes

Wenn Ihr Kind etwa drei Jahre alt ist, kann es schon komplette Sätze bilden und Ihnen sogar kurze, spannende Geschichten erzählen (siehe »Warum Geschichten für Ihr Kind so wichtig sind«, Seite 79 ff.). Sein Wortschatz wird sehr schnell immer größer, und es gelingen ihm sogar schon Wörter mit schwierigen Lautverbindungen. Ihr Kind hat gegen Ende des dritten Lebensjahres mehr und mehr Routine im Umgang mit seiner Muttersprache. Mit einem Jahr ist es im ersten Fragealter, mit drei Jahren dann im zweiten: Das Wort »warum« kommt nun sehr häufig über seine Lippen und geht Ihnen gewiss so manches Mal auf die Nerven. Aber seien Sie nicht ungeduldig, sondern zeigen Sie Ihrem Kind, dass Sie seine Fragen ernst nehmen und diese gerne beantworten. Schließlich ist Ihr Sprössling ganz und gar auf Ihre Unterstützung angewiesen, wenn er versucht, die Welt zu begreifen und zu erkunden. Sie können ihm schon in dieser Zeit sehr viel Wissen vermitteln, falls er aufnahmefähig dafür ist.

✔ **Musikalische Früherziehung:** Wenn Sie Ihr Kind früh im musikalischen Bereich fördern möchten, dann können Sie es eine Sing- und Spielgruppe besuchen lassen. Dort wird kindgerecht musiziert. Mit einfachen Mitteln, zum Beispiel mit Orff'schen Instrumenten, lernt Ihr Nachwuchs auf spielerische Weise verschiedene Melodien und Rhythmen kennen (siehe auch »Warum Musik für Ihr Kind so wichtig ist« Seite 101 ff.).

✔ **Instrumente für Kleinkinder:** Wenn Sie Ihr Kind zu Hause Musik machen lassen wollen, können Sie ihm ein Xylophon oder eine Kindertrommel kaufen. Mit diesen Instrumenten kann es selbst ein wenig musikalische Erfahrungen sammeln.

✔ **Kinderreime:** Es gibt zahlreiche Bücher mit Kinderreimen, die Ihrem Nachwuchs Freude machen. Sprechen Sie ihm zum Beispiel vor: »Steigt ein Büblein auf den Baum, hoch, so hoch, man sieht es kaum. Hüpft von Ast zu Ästchen, guckt ins Vogelnestchen. Hei, da lacht es, hei da kracht es, pluuumps – da liegt es unten!« Der linke Unterarm stellt den Baum dar, die Finger der linken Hand sind die Zweige, das Vogelnest sitzt zwischen Daumen und Zeigefinger und die rechte Hand ahmt das kletternde Büblein nach. Bestimmt möchte Ihr Kind diesen Reim bald nachsprechen und nachspielen.

✔ **Fingerspiele:** Auch hier ist die Auswahl groß. Fingerspiele können Sie immer zwischendurch machen; sie sind bei Kindern sehr beliebt. Ihr Spross hat Spaß daran und schult gleichzeitig sein Gedächtnis sowie seine Sprechfertigkeit. Vielleicht kennen Sie dieses Fingerspiel noch aus Ihrer Kindheit: »Das ist der Daumen (der Daumen wackelt zwischen dem angewinkelten Zeige- und Ringfinger), der schüttelt die Pflaumen (der Zeigefinger wackelt), der hebt sie alle auf (der Mittelfinger wackelt), der trägt sie nach Haus (der Ringfinger wackelt) und der kleine isst sie alle auf (die Hand Ihres Kindes umschließt Ihren kleinen Finger).«

✔ **Singspiele:** »Zehn kleine Zappelmänner« ist eines der bekanntesten Singspiele für Kleinkinder. Es geht so: »Zehn kleine Zappelmänner zappeln hin und her, zehn kleinen Zappelmännern fällt das gar nicht schwer (alle Finger bewegen) – zehn kleine Zappelmänner zappeln auf und nieder, zehn kleine Zappelmänner tun das immer wieder (dabei die Hände auf und ab bewegen) – zehn kleine Zappelmänner zappeln rund herum, zehn kleine Zappelmänner, die sind gar nicht dumm (die Hände bewegen sich im Kreis) – zehn kleine Zappelmänner spielen gern Versteck, zehn kleine Zappelmänner sind auf einmal weg (die Hände verschwinden hinter dem Rücken) – zehn kleine Zappelmänner rufen laut hurraaah, zehn kleine Zappelmänner, die sind wieder da (die Hände kommen wieder hervor und alle Finger bewegen sich).«

✔ **Hörbücher:** Auf CD und Kassette gibt es zahlreiche Geschichten und Lieder für Kinder. Informieren Sie sich darüber und suchen Sie Ihrem Kind altersgerechte Erzählungen und Musik aus. Bald wird es seinen kleinen Lieblingshelden haben, vielleicht einen großen sprechenden Elefanten oder einen witzigen Kobold, von dem es dann immer mehr Geschichten hören möchte.

So trainiert Ihr Kleinkind Bewegung und Koordination

Je älter er wird, desto besser und geschickter kann sich Ihr Nachwuchs bewegen und hantieren. Er will mit der Zeit alles selbst machen, selbst essen, selbst laufen, auch schwierigere Spiele möchte er alleine meistern. Geben Sie ihm dazu die Möglichkeit und nehmen Sie ihm nicht mehr alles ab. Freuen Sie sich darüber und loben Sie ihn viel, das spornt ihn zu weiteren Lernschritten an. Ihr Kleines kann nun schon Formen zuordnen und ein Steckspiel lernen. Es hat Spaß daran, seine Bauklötze zu fantasievollen Bauwerken aufzutürmen, Dinge selbst zu gestalten und zu basteln. Es zeigt dabei auch eine immer bessere Feinmotorik, ein immer differenzierteres Spiel der Finger. Ihr Kind klettert besonders gerne und das Treppengehen gelingt ihm im dritten Lebensjahr schon recht gut.

✔ **Bausteine:** Im Alter von drei Jahren sind Duplosteine angesagt, die Vorstufe der kleineren Legosteine. Mit den Bausteinen und Schienen von Duplo kann Ihr Kind sogar eine Eisenbahn bauen, aber auch fantasievolle Bauwerke gestalten: Figuren und Autos, sogar einen Bauernhof können die Kinder zusammenstellen.

✔ **Holzklötze:** Sie regen die Fantasie noch mehr an, weil nur wenige Formen vorgegeben sind. Mit Holzklötzen baut Ihr Kind Türme und lässt sie wieder einstürzen, um sie danach erneut zu errichten. Machen Sie Ihrem Kind hier keinen Druck, auch wenn es manchmal noch etwas ungeschickt ist.

✔ **Knetmasse:** Das kennt und liebt jedes Kind - bunte Kinderknete, mit der man Figuren, Gefäße, Fahrzeuge und kleine Gegenstände formen kann. Das Spielen mit Knetmasse fördert besonders die Fingerfertigkeit Ihres Sprösslings. Zwei Rezepte für selbst hergestellte, ungiftige Knetmasse finden Sie im Kasten auf Seite 62.

✔ **Sandkasten:** Geschicklichkeit und Kreativität werden beim Spielen im Sand geschult. Die Ausrüstung für den Sandkasten ist sehr kostengünstig: Sie brauchen lediglich ein Eimerchen, ein Sieb, ein Schäufelchen und ein paar Backformen für leckeren Sandkuchen. Damit kann sich Ihr Kleines stundenlang beschäftigen und immer wieder Neues ausprobieren. Übrigens: Bei einem gemeinsamen Urlaub am Sandstrand in frischer Meeresluft tanken Sie alle nicht nur neue Energie, sondern das Errichten von Sandburgen und das Buddeln von riesigen Sandlöchern macht der ganzen Familie viel Freude.

✔ **Kleiner Fuhrpark:** Ab einem Alter von etwa drei Jahren parkt auch Ihr Nachwuchs seine Fahrzeuge in der Garage, zum Beispiel sein Rutschauto und/oder sein Dreirad. Es gibt außerdem sehr kleine Fahrräder mit Stützrädern, die nach einiger Zeit, wenn Ihr Kind das Gleichgewicht halten kann, abmontiert werden.

✔ **Bälle aller Art:** Natürlich braucht Ihr Kind jetzt einen Ball. Auf den leichten Kunststoffbällen sind oft Märchen- und Comicfiguren, bunte Blumen oder Autos aufgedruckt. Damit kann Ihr Kind nach Herzenslust kicken und werfen, auch mit seinen kleinen Spielkameraden. Der Fantasie sind hier keine Grenzen gesetzt. Nehmen Sie als Eltern sich hin und wieder Zeit, mit Ihrem Kind auf der Wiese Ball zu spielen. Wenn Sie einen Sohn haben, ist der Vater vielleicht schon ein begehrter Fußballtrainer. Auch mit einem Tennisball weiß Ihr Kind sicher schon etwas anzufangen. Vor allem an Kindergeburtstagen beliebt sind bunte Luftballons. Ihr Kind kann den Ballon balancieren, wegpusten oder versuchen, ihn so lange wie möglich in die Luft zu kicken. Mit all diesen Spielen fördern Sie schon früh das Ball-

gefühl Ihres Sprösslings und legen eine gute Basis für spätere Ballsportarten.

So übt Ihr Kleinkind Konzentration und Wahrnehmung

Ihr Nachwuchs beobachtet seine Umgebung immer genauer und steht seinen Mitmenschen immer aufmerksamer gegenüber. Er vermag schon recht gut Farben und Formen zu unterscheiden. Am Anfang des dritten Lebensjahres ist er noch ziemlich leicht ablenkbar, aber dann wird seine Konzentrationsfähigkeit immer besser und er ist in der Lage, sich schon bis zu einer halben Stunde alleine zu beschäftigen. Bis zu sieben Minuten kann Ihr Kind nun bei ein und derselben Sache bleiben. Mit unseren Spielvorschlägen können Sie seine Geschicklichkeit und vor allem seine Konzentrationsfähigkeit gezielt fördern, was zunächst für das Vorschulalter und dann für die gesamte spätere Schulzeit sehr nützlich ist.

✔ **Fingerfarben und Wachsmalkreiden:** An seine ersten Malkünste und die großen, bunten

Farbtöpfe, in die es seine Finger eintauchen durfte, erinnert sich jedes größere Kind gerne zurück. Mit Fingerfarben entstehen die ersten fantastischen Kreationen, auf die Ihr Sprössling bestimmt sehr stolz ist. Erst ein wenig später, wenn die Fingerfarben zu langweilig werden, können Sie ihm eine Packung Wachsmalkreiden schenken. Ihr Kind lernt, mit einem Stift umzugehen und kann auch damit kreativ tätig sein.

✔ **Blätter sammeln:** Vor allem im Herbst, wenn sich die Blätter an den Bäumen in bunten Farben zeigen, können Sie draußen die schönsten Dinge für allerlei Basteleien finden. Pressen und trocknen Sie die Blätter zu Hause ein paar Tage lang, danach erhalten Sie kleine filigrane Kunstwerke, mit denen sich wunderschöne Bilder oder auch Christbaumschmuck gestalten lassen. Für den Weihnachtsbaum sprühen Sie die Blätter beispielsweise einfach mit Gold- und Silberfarbe ein. Hierbei ist Ihr Kleinkind aber eher noch Zuschauer. Erst danach, beim Anbringen eines Bändchens zum

Aufhängen, bastelt es wieder problemlos mit.

✔ **Blumensträuße und -gestecke:** Farben machen unser Leben bunt und fröhlich. Für die Wahrnehmung von Farben können Sie mit Ihrem Kind draußen im Frühling oder im Sommer schöne Blumen pflücken und damit hübsche Sträuße und Gestecke kreieren. Ob Junge oder Mädchen, jedes Kind hat Freude an farbenfrohen Pflanzen. Gleichzeitig können Sie ihm die verschiedenen Farben näherbringen, indem Sie sie von ihm benennen lassen.

✔ **Memory spielen:** Damit schult Ihr Kind auf hervorragende Weise sein Gedächtnis wie auch seine Konzentrationsfähigkeit. Memory gibt es in leichten und schwereren Versionen. Sie können auch nach und nach die Anzahl der Bilder steigern. Fangen Sie mit ganz einfachen Bildchen an. Schon nach kurzer Zeit wundern sich dann so manche Eltern, wie gut die Merkfähigkeit des Nachwuchses schon ist, denn Kinder haben oft ein ganz erstaunliches Gedächtnis.

Knetmasse selbst gemacht

Rezept 1

Zutaten: 200 g Mehl, 100 g Speisesalz, 1 EL Speiseöl, 1 EL Alumen (aus der Apotheke), 300 ml kochendes Wasser, ungiftige Lebensmittelfarbe.

So wird's gemacht: Das Mehl in eine Rührschüssel sieben, Speisesalz und Alumen beifügen und alles vermischen. Das kochende Wasser mit einer Speisefarbe kurz verrühren, das Öl dazugeben und alles durchkneten. In einem gut verschließbaren Glas oder einer luftdichten Plastikbox aufbewahren. Diese Kinderknete hält etwa ein Jahr.

Rezept 2

Zutaten: 400 g Mehl, 130 g Speisesalz, 2 EL Zitronensäure (aus der Apotheke), etwas ungiftige Lebensmittelfarbe, 4 – 6 EL Öl, 400 ml Wasser.

So wird's gemacht: Mehl, Salz und Zitronensäure in einer Schüssel vermischen. Das Wasser aufkochen, vom Herd nehmen, die Speisefarbe und das Öl dazugeben. Die Flüssigkeit zu der Mehl-Mischung gießen und alles gut durchkneten.

✔ **Puzzles:** Auch diese Spiele machen Spaß und fördern die Konzentrationsfähigkeit. Beginnen Sie mit einem Holzpuzzle, bei dem jedes Teil eine sehr markante Form und einen kleinen Plastikgriff hat. Die einzelnen Puzzleteile können leicht erkannt und eingefügt werden. Wenn Ihr Kind dieses Spiel einigermaßen beherrscht, bekommt es ein paar Teile mehr. Steigern Sie den Schwierigkeitsgrad individuell nach den Fähigkeiten Ihres Sprösslings.

So lernt Ihr Kleinkind emotionale Intelligenz

Ihr Kind ist nun nicht mehr so sehr auf seine Eltern fixiert. Mit dem Eintritt in den Kindergarten im Alter von etwa drei Jahren erfährt es einen ersten Ablösungsprozess, vor allem von der Mutter. Es zeigt Interesse am Spielen mit Gleichaltrigen und kann schon kleine Freundschaften eingehen. Ihr Nachwuchs ist bereits eine richtige Persönlichkeit und weiß, was er will. Ihr Kind hat ein Gespür für die Gefühle der anderen und kann deren Mimik und Gestik gut einordnen. Es vermag auch seine eigenen Gefühle auszudrücken, kann jetzt zwischen »ich« und »du«, »mein« und »dein« unterscheiden und bestimmte Vorschriften und Regeln einhalten. Es möchte sich in der Gruppe behaupten und findet hier eine bestimmte Position. Bald weiß Ihr Kind, welche Rollen nachahmenswert sind. Auch die Bewusstwerdung des eigenen Geschlechts gehört dazu. Ein Kind mit drei Jahren ist begeisterungsfähig und möchte am liebsten alles auf einmal ausprobieren. Hier ein paar Spieltipps, die gezielt seine emotionale Intelligenz fördern.

✔ **Rollenspiele:** »Mama, ich will Einkaufen spielen!« Diesem Wunsch Ihres Nachwuchses kommen Sie als Mutter sicher gerne nach: Auf dem Küchentisch bauen Sie ein paar Schachteln aus dem Haushalt auf und legen ein bisschen Obst und Gemüse dazu. In den kleinen Kindergeldbeutel wird ein wenig Spielgeld gefüllt, und schon geht es los. Ihr Kleines ist der Verkäufer, Sie sind die Kundin. Oder Ihre kleine Tochter spielt Mama: Sie wickelt ihre Babypuppe, sie gibt ihr das Fläschchen und schimpft, wenn »ihr Kind« schon wieder in die Windel gemacht hat. Solche und ähnliche Rollenspiele sind ein sehr wichtiges Element in früher Kindheit. So lernt Ihr Nachwuchs, mit anderen zu kommunizieren, sich auf seine Mitmenschen einzustellen sowie seine eigenen Gefühle und die der anderen einzuordnen. Vor allem die Fähigkeit der Empathie (des Mitgefühls) wird geschult.

✔ **Verkleiden:** Nicht nur im Fasching verkleiden sich Kinder gerne, sie lieben es einfach, durch ein neues, verrücktes Outfit in eine vollkommen andere Rolle zu schlüpfen und diese auch zu spielen. Nehmen Sie einen großen Karton, den Sie im Lauf der Zeit mit allerhand bunten, lustigen und ausgefallenen Kleidungsstücken füllen: etwa mit Omas altem Spitzennachthemd, Papas Cowboyhut vom letzten Fasching, dem alten Rock aus Ihrer Jugend, dem leicht defekten Strohhut vom letzten Sommerurlaub und vielleicht auch noch mit altem Glitzerschmuck, großen und kleinen Ohrclips oder abgelegten Perlenketten. Je bunter und vielfältiger die Kiste gefüllt ist, desto mehr Möglichkeiten hat Ihr Kind, sich zu verwandeln. Diese herrliche »Zauberkiste« darf Ihr Spross dann von Zeit zu Zeit aus dem Keller holen und sich damit nach Herzenslust verkleiden. Es muss schließlich nicht nur zur Karnevalszeit lustig bei Ihnen zugehen!

✔ **Kaufladen und Puppenküche:** Auch hier lernt Ihr Kind, in seiner kleinen Welt zu kommunizieren – mit den Puppen, mit der Familie, aber auch mit seinen Freundinnen und Freunden. Es verkauft, es kauft ein, es bekocht seine Lieben und redet gewissenhaft mit seinen »Kunden« und »Gästen«.

✔ **Tiere imitieren:** Spielen Sie Pantomime mit Ihrem Nachwuchs – Sie werden sehen, dass das ein Riesenspaß ist. Später, wenn Ihr Kind größer ist, imitieren Sie Berufe und berühmte Persönlichkeiten. Als Kleinkind

vermag Ihr Sprössling immerhin schon Tiere nachzuahmen, die Sie dann erraten können und umgekehrt. So versetzt sich Ihr Kind in andere Wesen, es versucht, deren Gestik, Mimik und auch deren Gefühle nachzuspielen und nachzuempfinden.

✔ **Gemeinsam den Tisch decken:** Das Miteinander in der Familie ist sehr wichtig für die Entwicklung Ihres Kindes. Lassen Sie sich von ihm beim Tisch decken helfen. Vielleicht möchte Ihr Spross dem Papa eine Serviette hübsch falten und der großen Schwester das Lieblingsglas hinstellen? Er kennt seine Eltern und Geschwister sehr gut und kann schon auf deren besondere Wünsche und Bedürfnisse eingehen sowie ihnen eine kleine Freude bereiten.

✔ **Ein Beet anlegen:** Haben Sie oder Oma und Opa einen eigenen Garten? Binden Sie den Sprössling in die Gartenarbeit mit ein, denn diese kann sehr viel Spaß machen. Wenn Sie im Herbst Blumenzwiebeln setzen, darf Ihr Kind mithelfen; es buddelt mit seiner kleinen Schaufel ein Loch ins Beet und ist begeistert, wenn die Zwiebel hineinpasst. Oder legen Sie einmal ein neues Beet an. Ihr Kind wird Ihnen sicher mit viel Enthusiasmus mit seinen eigenen kleinen Gartengeräten zur Hand gehen wollen.

✔ **Geschenke basteln und verpacken:** Wenn Omas oder Opas Geburtstag naht, können Sie Ihren Nachwuchs zu einem selbst gemachten Geschenk anregen. Vielleicht möchte er ein hübsches Bild malen oder etwas mit Kinderknete basteln? Auch wenn Sie selbst ein Geschenk für Freunde und Verwandte einpacken, können Sie Ihr Kind helfen und beispielsweise ein hübsches Papier oder eine passende Schleife heraussuchen lassen. Ihr Nachwuchs sollte dabei möglichst viel Freiheit haben. Akzeptieren Sie seinen Geschmack, auch wenn dieser etwas anders ist als Ihrer. Nur so kann Ihr Kind seiner Fantasie und Kreativität freien Lauf lassen. Sicher wird es das Geschenk stolz präsentieren und beim nächsten Mal wieder begeistert dabei sein.

SPIELE FÜR SCHULKINDER

Wahrscheinlich hat Ihr Kind den ersten Schultag schon lange ersehnt. Es ist inzwischen sechs Jahre alt und hat in seinem bisherigen Leben schon ziemlich viele Erfahrungen sammeln dürfen. Es kennt das Miteinander in diversen Gemeinschaften: in seiner Familie, im Kindergarten und mit seinen kleinen Freundinnen und Freunden. Der Umgang mit Erziehern und Verwandten, mit Geschwistern, Oma und Opa, Onkel und Tante war und ist ebenfalls prägend für Ihren Nachwuchs und beeinflusst seine Lernfortschritte und seine Entwicklung. Vielleicht war Ihr Kind in der Vorschule? Selbst wenn dies nicht der Fall ist, kommt es nun gut vorbereitet in die Grundschule. Dort muss es sich vielen neuen Herausforderungen stellen und zahlreiche Aufgaben bewältigen: Es lernt lesen, schreiben und rechnen und hat Unterricht in Heimat- und Sachkunde, in Musik und Sport.

Wenn Ihr Sprössling also mit der Schultüte im Arm zum ersten Mal sein Klassenzimmer betritt, ist das sicher ein ergreifender Moment, auch für Sie als Eltern. Wie wird es Ihrem Kind dort ergehen? Wird es den schulischen Anforderungen gewachsen sein? Seien Sie nicht zu besorgt, denn das würde Ihr Kind spüren. Akzeptieren Sie, dass ein neuer wichtiger Entwicklungsschritt ansteht, bei dem Sie Ihren Nachwuchs nach Kräften unterstützen können, sodass er nach und nach immer mehr Reife erlangt. Sie werden sehen, auch dieser Lebensabschnitt mit Ihrem Kind bereitet Ihnen viel Freude und bringt zahlreiche schöne Erfahrungen mit sich. Auf den folgenden Seiten erfahren Sie, wie Sie Ihr Kind leicht und spielerisch auf dem Weg durch die Grundschule begleiten können.

So schulen Sie das (Zu)Hören, Lesen und Sprechen Ihres Schulkindes

Bestimmt berichtet Ihr Kind jetzt ganz flüssig, was es am Vormittag in der Schule alles erlebt hat. Es kann sich Geschichten sehr gut merken, es kennt sein Geburtsdatum, es kann seinen Namen und seine Adresse schreiben. Und es vergisst nichts. Genau deshalb ist es wichtig, dass Sie als Eltern auch immer Ihre Versprechen einhalten. Hören Sie Ihrem Kind aufmerksam zu, so sind Sie das beste Vorbild. Zeigen Sie ihm außerdem, dass Sie seine Berichte interessant finden. Dies ist eine gute Motivation dafür, dass es seine sprachliche Ausdrucksweise weiter verbessert, auch wenn seine Sätze grammatikalisch noch nicht immer ganz richtig sind. Korrigieren Sie Ihr Kind, wenn es beispielsweise sagt: »Der Papa hat der Oma ein Kissen gebringt.« Treten Sie immer wieder in den Dialog mit Ihrem Kind und verwenden Sie dabei ruhig ab und zu schwierigere Wörter. Behalten Sie auch das Abendritual der Gutenachtgeschichte bei, denn das Vorlesen – und langsam auch das eigene Lesen – verbessern das Sprachgefühl und die Sprechfertigkeit Ihres Sprösslings. Mehr darüber lesen Sie im Kapitel »Warum Geschichten für Ihr Kind so wichtig sind«, Seite 79 ff.

✔ **Rätselblock:** Er sorgt für Kurzweil zwischendurch – auf Reisen oder auch zu Hause, wenn Ihr

Kind sich einmal langweilt. Rätselblocks oder -bücher gibt es schon für Vorschul-, aber auch für Grundschulkinder. Sie lernen damit auf spielerische, unterhaltsame Weise. Solche Blocks bieten vielfältige Aufgaben: Geheimnisvolle Labyrinthe beispielsweise fördern die räumliche Orientierung, Puzzles und Punkterätsel schulen die bildliche Wahrnehmung, Kreuzworträtsel erweitern den Wortschatz und Mal- sowie Kombinationsspiele bringen weitere Abwechslung. Die Lösungen findet Ihr Kind jeweils auf der Rückseite oder am Ende. So kann es sich mit dieser spielerischen Lernhilfe schon recht selbstständig beschäftigen.

✔ **Weglass-Reime:** Sie schulen das Zuhören, die Konzentration und die Sprechfertigkeit. Bestimmt kennen Sie das folgende alte Volkslied, das Sie mit Ihrem Kind üben können. Nach jedem Vers fällt bei einzelnen Wörtern ein Buchstabe weg: »Auf der Mauer, auf der Lauer sitzt 'ne kleine Wanze. Seht euch nur die Wanze an, wie die Wanze tanzen kann! Auf der Mauer, auf der

Lauer sitzt 'ne kleine Wanze.« Dann ist der nächste dran: »Auf der Mauer, auf der Lauer sitzt 'ne kleine Wanz. Seht euch nur die Wanz an, wie die Wanz tanz kann! Auf der Mauer, auf der Lauer sitzt 'ne kleine Wanz.« Und dann: »Auf der Mauer, auf der Lauer sitzt 'ne kleine Wan...«

✔ **Frage- und Antwort-Spiele:** Machen Sie öfters mal ein Quiz mit Ihrem Kind, denn das fördert sein Wissen auf allen Gebieten. Es gibt Quiz-Spiele in allen möglichen Formen, als Blocks oder Brettspiele. Oder Sie denken sich ein Quiz selbst aus – dem Niveau Ihres Kindes entsprechend. Ebenfalls lehrreich ist das bekannte »Scrabble«, das es für Kinder in einer leichteren Junior-Version gibt.

✔ **Personen- oder Farbenraten:** Dieses Spiel ist nicht nur ein Vergnügen für kleine, sondern auch für große Schulkinder. Ein Kind denkt sich eine Person aus dem Bekanntenkreis oder aus der Familie aus, das andere muss sie erraten. Auch das Herausfinden eines Gegenstands in dem Raum, in dem Sie sich gerade befinden, ist ein schöner Spaß für zwischendurch: »Ich sehe was, was du nicht siehst … und das ist – (beispielsweise) blau …« Hierbei lernt Ihr Kind, sich auszudrücken und verständlich zu machen, seine Beobachtungs- und Kombinationsgabe werden gefördert, und es hat sogar noch jede Menge Spaß dabei.

✔ **Zusammengesetzte Nomen:** Auch das ist ein schönes, lehrreiches Wortspiel für Ihren Nachwuchs: Eisbär – Eisbecher – Eislaufschuhe – Eisdiele … Oder: Schuhverkäufer – Schuhgeschäft – Schuhlöffel – Schuhsohle … Suchen Sie abwechselnd weitere sinnvolle Begriffskreationen, die mit dem gleichen Wort beginnen. So erweitert Ihr Kind seinen Wortschatz.

✔ **Hörbücher:** Gute, altersgerechte Geschichten auf CD oder Kassette sind auch in diesem Alter eine Bereicherung für Ihren Nachwuchs, da sie seine Fantasie, seine Ausdruckskraft und sein Sprachvermögen auf angenehme Weise verbessern. Hier gibt es eine große Auswahl.

So trainiert Ihr Schulkind Bewegung und Koordination

Ihr Sprössling sollte genügend Platz und Gelegenheiten haben, um sich auszutoben. Gerade jetzt, als Schulkind, sind Sport und Bewegung der ideale Ausgleich zu den intellektuellen Anforderungen und dem langen Sitzen in der Schule. Ihr Kind kann so in seiner Freizeit entspannen, Stress abbauen und neue Energie für das Lernen gewinnen. Ballsportarten und Bewegung allgemein schulen die Koordination Ihres Kindes und machen obendrein noch Spaß. Vor allem das Miteinander in einer Gruppe ist eine wertvolle Erfahrung. Gerade wenn Sie in einer kleinen Wohnung leben und zu Hause wenig Platz zum Toben ist, sollte Ihr Nachwuchs viel nach draußen gehen – auf den Bolz- oder Spielplatz – und dort laufen und klettern. Auch ein Springseil oder ein Trampolin bieten Bewegung auf spielerische Art und Weise.

✔ **Gummitwist:** Neben diesen beiden Turngeräten gibt es noch weitere Dinge, die Ihrem Kind am Nachmittag, wenn die Hausaufgaben erledigt sind, Bewegung und Spaß verschaffen. Mädchen hüpfen zum Beispiel gerne mit dem so genannten Gummitwist. Vielleicht kennen Sie das noch aus Ihrer Kindheit? Ein Spiel, das auch für die Schulpause gut geeignet ist: Zwei Kinder stellen sich in einem etwa vier Meter langen Gummiband so gegenüber, dass es ein Rechteck ergibt. Das Gummiband wird um die Knöchel, Waden, Knie oder noch höher geschoben und die Füße stehen eng oder weit auseinander. Eine dritte Mitspielerin denkt sich eine Sprungfolge aus, die von jedem Kind nachgehüpft werden muss.

✔ **Basketball:** Vielleicht möchte Ihr Kind auch gerne einen kleinen Basketballkorb haben. Diesen gibt es entweder zum Anbringen an die Hauswand oder auch mit einem Standfuß. Ballspiele sorgen auf gesunde Weise für Kurzweil zwischendurch.

✔ **Straßenspiele:** Schon unsere Großeltern kannten Spiele wie etwa »Himmel und Hölle« (mit aufgemalten Kästchen), »Wo-chentage-Hüpfen« oder »Troja« (mit Murmeln). Achten Sie aber darauf, dass Ihr Kind nur in einer Wohngegend spielt, in der kaum Verkehr ist. Hier die Spielanleitung für »Troja«: Auf den Boden wird ein gleichschenkliges Dreieck von je 30 Zentimeter Kantenlänge gezeichnet. Nachdem die Spieler je drei bis fünf Murmeln als Einsatz in die Mitte gelegt haben, zielen sie nacheinander aus einigen Zentimetern Entfernung darauf. Mit einem Wurf muss das Kind möglichst viele Murmeln aus dem Dreieck herauskatapultieren. Alle Kugeln, die aus dem Dreieck schnellen, gehören dem Schützen. Seine Wurfkugel lässt er liegen, um von dort in der nächsten Runde das Spiel wieder aufzunehmen. Bleibt die Wurfkugel jedoch innerhalb des Dreiecks liegen, hat der Schütze sie verloren und muss beim nächsten Mal mit einer neuen Murmel von der Linie aus werfen. Das Spiel dauert so lange, bis das Dreieck leer ist. Wer am Schluss die meisten Murmeln erspielt hat, ist Sieger. Mit ähnlichen Regeln lassen sich viele Murmelspiele selbst erfinden.

✔ **Dart:** Auf dem Boden wird mit Kreide eine Zielscheibe (mit Punktringen) von etwa zwei Metern Durchmesser aufgemalt. Jeder Mitspieler sucht sich auf der Straße drei möglichst flache Steine. Aus einer Entfernung von zwei bis drei Metern zur Zielscheibe werden die Steine nun geworfen. Die Kinder versuchen nacheinander, ihre drei Steine so auf die Felder zu bringen, dass sie eine möglichst hohe Gesamtpunktzahl erreichen. Gewonnen hat der Spieler mit den meisten Punkten. Um Streit zu vermeiden, werden grundsätzlich Steine, die auf der Begrenzungslinie eines Feldes liegen, dem höheren Wert des angrenzenden Feldes zugerechnet.

✔ **Federball und Tischtennis:** Auch dies sind sehr beliebte Spiele, welche die Kinder ohne großen Aufwand im Freien jederzeit spielen können – entweder mit ihren Eltern oder mit ihren Freunden. Es gibt Tischtennisplatten, die man bei Bedarf nur einseitig aufbauen kann, sodass das Kind alleine gegen eine Wand spielt und dadurch sein Ballgefühl verbessert.

Kinderpoesie

»Wohin der Schlaf sich schlafen legt« heißt eines der Kindergedichte von Reiner Kunze, aus dem gleichnamigen Büchlein mit hübschen Kinderversen. Wenn Sie und Ihr Kind Freude an Poesie haben, können sie beispielsweise diesen Vers als Dialog sprechen, vielleicht morgens, wenn Ihr Sprössling zu Ihnen ans Bett kommt:

Die Sonntagmorgenmeise
Kind: Die Meise hat aufs Dach gepickt.
Mutter: So?
Kind: Die Meise hat mich wachgepickt.
Mutter: Und dann?
Kind: Dann habe ich mich wachgeblickt.
Mutter: Und nun?
Kind: Nun bin ich hier.
Mutter: Was wirst du tun?
Kind: Darf ich ins Bett zu dir?

✔ **Wochentage-Hüpfen:** Dieses Spiel kann auf einem Plattenweg durchgeführt werden. Größere Platten dienen dabei als »Sprungkästchen«. Auf einem Straßenpflaster werden die Kästchen stattdessen mit Kreide eingezeichnet. Die Kästchen werden nach Wochentagen benannt. Ein Kind wirft nun sein Steinchen auf Montag und springt vom Start direkt auf Dienstag. Bei Mittwoch angekommen, grätscht es in Donnerstag und Freitag, springt auf Samstag, kehrt dort um und hüpft über Sonntag zurück. Auf dem Rückweg lässt es den Montag nicht aus und nimmt dort sein Steinchen wieder auf. Zurück am Start, wirft es sein Steinchen in das Feld Dienstag und beginnt mit dem Hüpfen entsprechend von vorn. Zur Abwechslung sind auch Varianten wie auf einem Bein oder rückwärts hüpfen möglich.

Tolle Bewegungsspiele für den Kindergeburtstag

Sie sind die Klassiker auf jedem Kindergeburtstag, sie bringen Spaß in der Gemeinschaft und fördern obendrein noch die Bewegung und die Koordination. Hier nur eine kleine Auswahl:

✔ **»Blinde Kuh«:** Dies ist ein altbekanntes Suchspiel, das Sie vielleicht noch unter dem Namen »Blinde Katze« oder »Blin-

des Huhn« kennen. Auf einem freien Platz oder in einem möglichst leeren Zimmer bestimmen die Mitspieler durch Abzählen die »Blinde Kuh«. Ein Kind verbindet ihr die Augen und dreht sie ein paar Mal im Kreis herum. Nun läuft die »Blinde Kuh« mit ausgestreckten Armen umher und versucht dabei, eines der Kinder zu berühren. Diese laufen weg oder versuchen, sie durch Zurufe oder kleine Neckereien zu verwirren. Das Kind, das gefangen wird, ist als nächstes die »Blinde Kuh«.

✔ **Sackhüpfen:** Alle Mitspieler stecken in einem Sack, der ihnen bis über die Schultern reicht, sodass nur noch der Kopf herausschaut. Die kleinen Sackhüpfer stellen sich in einer Reihe auf und versuchen, nach dem Startkommando so schnell wie möglich das vorher markierte Ziel zu erreichen. Die Kinder dürfen nach Belieben hüpfen, in kleinen Schritten gehen, auf Knien rutschen oder sogar kriechen. Wer umfällt, muss aus eigener Kraft wieder aufstehen. Gewinner ist, wer als erster ins Ziel kommt. Er erhält einen kleinen Preis, etwa eine selbst gebastelte Goldmedaille. Die übrigen Kinder bekommen eine Trostmedaille. Eine solche Medaille ist aus einem Bierdeckel, etwas Alufolie oder Goldglanzpapier und einer Kordel leicht zu basteln. Wenn Sie dieses Spiel auf einem sandigen Untergrund oder auf einer Wiese machen, beugen Sie Verletzungen vor.

✔ **Eierlauf:** Sie brauchen dazu zwei Esslöffel und zwei Eier, am besten aus Plastik. Zwei Kinder stehen am Start und balancieren mit der einen Hand das Ei auf dem Esslöffel. Die andere Hand liegt auf dem Rücken. Nun wird um die Wette gelaufen: Wer sein Ei fallen lässt, muss wieder von vorne beginnen. Je nach Alter und Geschick können Sie die Kinder die Strecke auch hin und zurück laufen lassen. Sie erhöhen den Schwierigkeitsgrad, wenn Sie die Kinder Slalom laufen lassen und dafür beispielsweise Plastikflaschen auf der Strecke aufstellen.

✔ **Schnitzeljagd:** Die kleinen Geburtstagsgäste bekommen einen Startzettel, auf dem sich ein

Hinweis auf das Versteck des nächsten Zettels befindet, etwa »wo das Geschirr gewaschen wird, findest du den nächsten Hinweis«. Dieser wäre dann in der (leeren!) Spülmaschine. Die Marschroute können Sie auch mit kleinen Aufgaben verbinden, beispielsweise ein Lied singen, ein Gedicht aufsagen oder eine Quizfrage beantworten. Lassen Sie hier Ihrer Fantasie freien Lauf. Der letzte Zettel führt dann zum Ziel: einem Versteck, in dem etwas Besonderes ist, etwa ein Körbchen mit Süßigkeiten oder für jedes Kind ein kleines Spielzeug. Sie können die Schnitzeljagd in Gruppen (förderlich für den Mannschaftsgeist) oder auch einzeln spielen.

So übt Ihr Schulkind Konzentration und Wahrnehmung

Nehmen Sie als Eltern sich immer wieder einmal Zeit, um mit Ihrem Sprössling Ausdauerspiele zu machen. Das bringt bestimmt auch Ihnen jede Menge Spaß. Sie können für Ihr Kind in diesem Alter schon ein wenig schwierigere Memorys aussuchen und auch Puzzles dürfen nun mehr Teile haben. Richten

Gesunde Sportarten für Ihren ABC-Schützen

✗ **Schwimmen:** Es trainiert auf ideale Weise die Muskulatur Ihres Spröss-lings. Als Ansporn können Sie Ihr Kind die verschiedenen Schwimmab-zeichen machen lassen, zuerst das »Seepferdchen«, für das es in der Lage sein muss, vom Beckenrand zu springen, 25 Meter zu schwimmen und einen Gegenstand mit den Händen aus schultertiefem Wasser zu holen. Als nächstes Abzeichen bietet der »Deutsche Schwimmverband« den »Seehund Trixi« an, wofür zusätzliches Rücken- oder Kraulschwim-men, ein Kopfsprung, Tauchen, Wasserball-Dribbeln sowie eine Rolle im Wasser verlangt werden.

✗ **Radfahren:** Dies ist ebenfalls eine sehr gute Bewegungsform, die Ihr Kind jetzt schon beherrschen sollte. Lassen Sie es jedoch erst dann mit dem Rad alleine zur Schule fahren, wenn es einen »Fahrradpass« be-sitzt, also die Radfahrprüfung bestanden hat, die etwa in der vierten Klasse der Grundschule angeboten wird.

✗ **Ballspiele:** Alle Ballsportarten sind ein hervorragendes Training der Koordination. Ihr Kind kann in diesem Alter bereits einen Tenniskurs besuchen oder einem Fußballclub beitreten. Ballspiele sind als Gemeinschaftssportart außerdem gut für die Schulung von Fairness und Teamgeist.

✗ **Skifahren:** Als Grundschulkind hat Ihr Nachwuchs jetzt das ideale Alter, um an einem Skikurs teilzunehmen. Dort bekommt er Grundkenntnisse wie den Schneepflug beigebracht und baut diese langsam aus. Nach und nach erwirbt er mehr Sicherheit auf Skiern und kann nach einiger Zeit auch etwas steilere Hänge mit Ihnen zusammen hinunterfahren.

Sie sich hier nach dem Geschick und dem Konzentrationsvermö-gen Ihres Kindes. Solche Spiele fördern die Konzentrationsfähig-keit. Ihr Sprössling wird spiele-risch darin geschult, länger bei einer Sache zu bleiben, zum Beispiel seine Hausaufgaben sorgfältig zu erledigen und im Unterricht den ganzen Vormittag mit wachem Geist mitzuarbeiten. Auch Gesellschaftsspiele wie »Mensch-ärgere-dich-nicht« sind für dieses Alter ideal und trainieren die Aufmerksamkeit Ihres Kindes.

✔ **Puzzles:** Hier gibt es eine große Auswahl. Interessant sind die bunten Leuchtpuzzles, die im Dunkeln in allen Farben glitzern; außerdem reizvoll sind Flokati-Puzzles mit samtigen Strukturen oder dreidimensionale Puzzle-Balls, die zauberhafte Motive auf bunten Kugeln zeigen.

✔ **Memory:** Nun können Sie das einfache Kleinkind-Memory getrost in den Schrank legen und zum Beispiel eines mit Tier- oder Naturmotiven herausholen.
Auf diese Weise lernt Ihr Kind gleichzeitig die verschiedenen Tiere und Pflanzen kennen.

✔ **Lego:** Die Welt der Legosteine scheint grenzenlos zu sein. Gerade jetzt ist sie hochinteressant, denn Ihr Kind kann damit Szenen aus dem Leben nachbauen – etwa eine Polizeistation, Ausschnitte aus berühmten Filmen oder eigene Fantasiekreationen schaffen. Bei Lego finden Sie garantiert etwas, das Ihr Kind fasziniert. Schon mit wenig Geld und einfachen Bausteinen, Platten, Fenstern und Türen öffnen sich grenzenlose Baumöglichkeiten. Bestimmt lässt sich Ihr Kind voll und ganz auf das Steckspiel ein und schafft sich hochkonzentriert seine eigene kleine Lego-Welt.

✔ **Technik-Baukästen:** Sie faszinieren vor allem Jungen, die damit planen, konstruieren und nach Herzenslust Metall- und Plastikteile zusammenstecken und -schrauben können.

So trainiert Ihr Schulkind Selbstständigkeit und soziale Kompetenz

Sie sollten die Autonomie Ihres Kindes jetzt zunehmend fördern, denn es kann sich inzwischen selbst anziehen, eigenständig seine Zähne putzen und seine Hände waschen. Es passt schon ein wenig auf seine Kleidung auf und ist in der Lage, sein Zimmer einigermaßen in Ordnung zu bringen. Auch bei den Hausaufgaben braucht es vielleicht nur noch kleine Hilfen von Ihnen. Ihr Spross möchte jetzt bestimmt vieles selbst erledigen, ohne dass Sie ihm dabei ständig über die Schulter schau-

Gesellschaftsspiele – ein lehrreicher Zeitvertreib

✘ Brettspiele müssen logische Regeln haben. Je jünger Ihr Kind ist, desto klarer sollten die Regeln sein. Für kleinere Kinder sind vor allem Spielpläne geeignet, die Erfahrungen und Fantasien aus der Kinderwelt darstellen. Es ist gut, wenn die Spielregeln nicht starr sind, sondern Raum für eigene Entscheidungen lassen.

✘ Spielregeln sind keine Gesetze! Sie beschreiben nur, wie sich die Spieler miteinander und zueinander verhalten sollten. Wenn sich die Mitspieler einig sind, können Regeln aber auch verändert werden, zum Beispiel um dem schwächsten oder jüngsten Mitspieler eine echte Chance einzuräumen. Wichtig ist, dass alle mit der neuen Regel einverstanden sind und sie vor Spielbeginn aufgestellt wird.

✘ Ist Ihr Nachwuchs ein schlechter Verlierer? Gerade einem Kind im Grundschulalter ist das Gewinnen besonders wichtig. Kann Ihr Kind absolut nicht verlieren, dann hat das meist tiefere Ursachen. Vielleicht hat es ein zu hohes oder zu niedriges Selbstwertgefühl? Kann es sein, dass sich Ihr Kind nicht daran gewöhnen möchte, einmal einen Wunsch nicht erfüllt zu bekommen? Seien Sie ein gutes Vorbild und zeigen Sie, dass Sie sich in schwierigen Situationen nicht unterkriegen lassen; so motivieren Sie Ihr Kind, auch wenn es am Verlieren ist, nicht aufzugeben.

✘ Strategie- und Würfelspiele dienen Schulkindern zur Erholung und zum Training von Konzentration und Kooperationsbereitschaft. Achten Sie darauf, dass das Spiel so gestaltet ist, dass Ihr Kind auch wirklich eine echte Gewinnchance hat; ansonsten verliert es schnell die Lust daran.

✘ Wettbewerbsspiele sind ebenfalls wichtig, denn sie erfordern neben Ausdauer und Konzentration auch Durchsetzungsvermögen. Sie verlangen, dass Ihr Kind eine ausgeklügelte Gewinnstrategie entwickelt und – falls dies nicht gelingt – lernt, verlieren zu können.

✘ Wie bewegen Sie Ihr Kind dazu, weiterzuspielen, falls es einmal langweilig wird? Gerade kleinere Kinder wollen oft nicht lange still sitzen. Akzeptieren Sie diesen Bewegungsdrang und wählen Sie abwechslungsreiche Spiele aus, beispielsweise solche, bei denen die Kinder zwischendurch aufgefordert werden, etwas zu tun. Beobachten Sie genau, unter welchen Bedingungen sich Ihr Kind am besten konzentrieren kann.

en. Lassen Sie ihn also gewähren und geben Sie ihm möglichst viel Freiraum. Die notwendigen Grenzen jedoch sollten Sie dennoch nicht aus den Augen verlieren. Malen und basteln Sie mit Ihrem Kind, binden Sie es in die Zubereitung der Mahlzeiten ein. Auch hierbei kann Ihr Nachwuchs kreativ sein. Wenn er eine einfache Speise schon ganz alleine hergestellt hat, dann ist er bestimmt stolz darauf und fühlt sich sehr selbstständig.

✔ **Basteln für festliche Anlässe:** Festtage haben eine wichtige Funktion für das Familienleben und die Gemeinschaft. Daher sollten sie gebührend gefeiert und als ein besonderes Ereignis zelebriert werden. Dazu gehören manchmal auch Geschenke, die sich die Familienmitglieder untereinander machen. Es gibt also genügend Gelegenheiten, für die Sie Ihren Sprössling zum Basteln animieren können. Basteln Sie beispielsweise gemeinsam für das Weihnachtsfest hübsche Sterne aus Glanzfolie und Stroh oder dekorieren Sie an Ostern die Wohnung festlich

mit bunten Ostersträußen und hübsch bemalten Eiern. Für Geburtstage kann Ihr Kind Glückwunschkarten selbst gestalten, zum Beispiel mit einem Foto, das es fantasievoll umrahmt, oder mit einer Batikarbeit. Bestimmt haben Sie selbst auch noch viele gute Ideen.

✔ **Blumenschmuck:** Leiten Sie Ihr Kind an, wie es zu jeder Jahreszeit die Vase oder den Blumentopf mit passenden Pflanzen und Gestecken füllen kann. Erklären Sie ihm die verschiedenen Blumen: im Frühling die Osterglocken und Narzissen, im Sommer die bunten Wiesenblumen, mit denen sich herrliche Kränze flechten lassen. Im Herbst gibt es Ährengebinde und Astern. Aber auch der Winter muss nicht trist sein. An Weihnachten bringen geschmückte Tannenzweige und Christsterne behagliche Gemütlichkeit in Ihr Haus oder Ihre Wohnung.

✔ **Gemeinsam kochen und backen:** Dies ist jedes Mal ein Fest für Ihr Kind, vor allem wenn es noch recht klein ist. Backen Sie mit ihm Plätzchen und Kinderkuchen (in seiner eigenen kleinen Backform), bereiten Sie zusammen leckere Spaghetti mit Tomatensauce, drapieren Sie gemeinsam Salate und Gemüse als lustiges Clowngesicht oder lassen Sie Ihr Kind einen Doppeldecker-Hamburger aus Brot, Schinken, Käse, Salat und Joghurtsauce selbst zusammenstellen. So ganz nebenbei können Sie Ihrem Spross dann noch beibringen, wie er den Tisch hübsch decken und dadurch eine gemütliche Atmosphäre schaffen kann. Sie werden sehen, dass dies Ihrem Nachwuchs immer wieder Freude am Kochen und gesunden Essen macht.

Warum Geschichten für Ihr Kind so wichtig sind

Geschichten fördern die Intelligenz

Geschichten aller Art – ob sie nun vorgelesen, von den Eltern aus der eigenen Fantasie heraus erzählt oder selbst gelesen werden – bringen Ihrem Kind in jedem Fall nicht nur Freude, sondern erweitern auch seinen intellektuellen Horizont. Geschichten fördern die Kommunikationsfähigkeit und intensivieren die Beziehungen zwischen Eltern und Kindern. Sie schaffen soziale Bindungen und stärken die emotionale Intelligenz, denn Kinder erfahren durch Märchen, Sagen und Geschichten ungeheuer viel über die Welt der Gefühle. Geschichten fördern die Konzentration und Aufmerksamkeit, weil die kleinen Zuhörer oder Leser sich dabei ganz und gar auf die Geschehnisse einlassen. Zudem stärken sie enorm die sprachliche Kompetenz.

Ihr Nachwuchs verbessert so ganz nebenbei seine Redegewandtheit, egal ob Sie ihm etwas erzählen oder vorlesen oder ob er selbst liest. Obendrein hat Ihr Spross auch noch jede Menge Spaß dabei, weil er fasziniert ist von der Handlung und ihren Helden. Geschichten stellen somit eine hervorragende sprachliche Fortbildung für Ihr Kind dar – und zwar völlig mühelos und ganz ohne Anstrengung. Oft prägt es sich komplette Sätze und Inhalte ein und erweitert so ganz automatisch seinen Wortschatz. Es lässt sich auf die unterschiedlichen Erzählstile der jeweiligen Autoren ein und übernimmt dann beim Nacherzählen deren Sprachduktus. Neue, bislang unbekannte Wörter errät das Kind aus dem Zusammenhang heraus und speichert diese in seinem Sprachgedächtnis ab. Dies alles geschieht unmerklich: Ihr Sprössling bekommt gar nicht bewusst mit, dass er ununterbrochen Neues lernt.

✔ **Eine kleine Alltagsgeschichte:** »Mama, erzähl mir wieder eine schöne Geschichte«, bittet die kleine Anna (5) ihre Mutter wie jeden Abend. So kann das Mädchen nämlich immer sehr schnell einschlafen. »Also«, beginnt die Mutter, »leg dich ganz entspannt hin und hör gut zu: Du spürst das kühle Gras unter deinen Füßen, denn du befindest dich in einem großen Garten. Es ist der Garten der Phantasie. Darin stehen hohe, alte Bäume mit hellgrünen, dunkelgrünen und braunen Blättern. Ein leichter Wind fährt durch ihre Zweige, er weht auch sanft um deine Stirn, während du im Garten umherläufst.«

»Jetzt wird meine Stirn ganz kühl«, meint das Mädchen leise und schließt sanft seine Augen. Die Mutter erzählt weiter: »Es kommen auf einmal viele Menschen herbei, Kinder mit ihrer Mama und ihrem Papa. Vor allem die Kleinen sind aufgeregt. Der Wind weht nun ein bisschen heftiger, die Äste der Bäume schaukeln hin und her, und die Blüten der Blumen bewegen sich.«

»Mit wird kalt«, sagt Anna und zieht die Decke bis zum Kinn hoch. Sie fragt: »Was ist da los, Mama?«

»Klar, dass du das wissen möchtest. Also: Du gehst ein Stückchen weiter. Hihi! Was war das? Hast du da nicht soeben ein Lachen gehört? Ein nettes, freundliches Lachen?«

»Ja, Mama, ich weiß, wer da lacht! Es ist der Clown von der letzten Geschichte, stimmt's?«

»Richtig«, antwortet die Mutter, »und du stehst jetzt auf einmal vor einem großen Baum mit einem ganz dicken Stamm. Aus der Richtung dieses Baums kommt das Lachen. Du gehst um den Stamm herum und erblickst den Lachenden: Es ist tatsächlich der Clown. Er sieht wieder richtig lustig aus. Weißt du, wie er angezogen ist?«

»Er hat knallblaue Schuhe an, so groß wie ein kleines Schiff«, antwortet Anna. »Sie sehen aus, als müsste er gleich darüber stolpern.«

»Stimmt«, sagt die Mutter, »aber der Clown rührt sich nicht vom Fleck. Du betrachtest diesen lachenden Kerl genauer: Er hat einen bunten Anzug an, der mit Karos bedeckt ist. Vorne sind riesige Knöpfe aufgenäht. So große Knöpfe hast du noch nie gesehen!« Aber Anna wirft ein: »Doch, Mama, gestern Abend!«

»Jetzt schau dir mal das Gesicht des Clowns an«, fährt die Mutter fort. »Es ist sehr komisch geschminkt. Über seinen richtigen Mund wurde ein großer, herzförmiger roter Mund gemalt. Über seine Nase ist ein roter Plastikball mit zwei Löchern zum Atmen gestülpt und das ganze Gesicht ist weiß wie Schnee. Die Augenbrauen sind mit schwarzer Farbe nachgefahren, sie reichen hoch in die Stirn hinauf. Auf dem Kopf trägt er eine orangefarbene, groß gelockte Perücke.«

»Das weiß ich doch alles schon«, sagt Anna, »aber wie geht's weiter?«

»Der Clown nimmt dich nun bei der Hand und führt dich auf einen Platz auf der Wiese, der von vielen Menschen, Eltern mit ihren Kindern, umringt ist. Sie alle warten auf seine Vorstellung – auf eure Vorstellung! Der Clown nimmt aus einem Koffer ein paar Bälle heraus und beginnt zu jonglieren. Schau mal, wie gut er das kann! Nun wirft er dir zwei Bälle zu. Du wirfst sie ihm zurück. Auf einmal kommen drei Bälle zu dir geflogen. Ganz gekonnt jonglierst auch du mit den Bällen. Das Publikum klatscht begeistert.«

Anna zieht jetzt ihre Hände unter der Bettdecke hervor und klatscht ein bisschen schläfrig in ihre Hände.

»Hast du jemals zuvor mit so vielen Bällen jongliert?«

»Nein, nie!«

»In deiner Fantasie ist eben alles möglich. Das Publikum ist fasziniert von eurer Show und will noch mehr Kunststücke sehen.«

»Ich weiß aber keine mehr«, sagt Anna mit müder Stimme.

»Doch«, meint die Mutter, »der Clown nimmt aus seinem Koffer nun ein Paar ziemlich sonderbar aussehender Schuhe heraus und einen ganz verrückten Hut, den du gleich aufsetzt. Er hält auch eine rote Ballnase mit Atemlöchern für dich bereit. Jetzt geht die Show erst richtig los: Der Clown schlägt ein Rad, dann macht er einen Handstand, und einen Überschlag. Du tust das Gleiche, denn in deiner Vorstellung kannst du alles, was er kann. Dann fährt der Clown dich in einer Schubkarre umher, deine Beine baumeln locker an der Seite herunter. Die Zuschauer lachen laut und haben ihren Spaß. Nun kommt die lustigste Nummer eures Programms: Weißt du, welche es ist? Die darfst du nun verraten, erzähl mal ...«

Aber Anna erzählt die lustige Clownnummer nicht mehr, inzwischen schläft sie tief und fest. Vielleicht träumt sie von dem Clown mit den großen Schuhen und dem bunten Karo-Anzug.

(VOR-)LESEN BEREICHERT DAS GEFÜHLSLEBEN

Pädagogen bestätigen, dass Kinder, die viel lesen, keine schlechten Noten in Deutsch nach Hause bringen. Auch die Aufsätze von Schülern, die zwar möglicherweise eine schwache Rechtschreibung haben, aber viel lesen, bieten oft ein wahres Feuerwerk an Ideen. Echte Leseratten drücken sich meist flüssig und gekonnt aus. Die Schulpraxis zeigt, dass Kinder, die viel lesen und schon in jungen Jahren viel vorgelesen bekommen haben, anderen Kinder gegenüber deutlich im Vorteil sind. Sie legen ein gutes Sprachgefühl an den Tag und haben Freude an schönen Geschichten. Lehrer erkennen an den Aufsätzen, ob ein Kind viel liest oder nicht. »Wenn mir bestimmte Geschichten gefallen, zum Beispiel die von Pippi Langstrumpf, lese ich sie sogar mehrmals«, erzählt die achtjährige Corinna und man sieht, wie ihre Augen dabei leuchten.

Sie können also gar nichts Besseres tun, als Ihrem Kind ganz regelmäßig Geschichten zu erzählen, vorzulesen oder – wenn es selbst lesen kann – ihm gute Bücher zu schenken und in der Bibliothek auszuleihen. Die gemeinsame Beschäftigung mit interessanten Geschichten intensiviert auch die emotionale Beziehung zwischen Ihnen und Ihrem Kind. Sie müssen sich nur daran erinnern, wie Sie es selbst einst genossen haben, auf dem Schoß der Mutter, des Vaters oder vielleicht der Oma zu sitzen und einer spannenden Geschichte zu lauschen: Der enge Körperkontakt, die vertraute Stimme, die liebevolle, ungeteilte Aufmerksamkeit – all das hat Sie sicher positiv geprägt. Geben Sie dieses wohlige

Sprechen Sie viel mit Ihrem Baby!

Ist es nicht übertrieben, einem Säugling Geschichten vorzulesen? Sie fragen sich sicher, ob das Kleine diese überhaupt versteht und ob es wirklich schon so weit ist. In einem Bericht über die sprachliche Intelligenz im Online-Familienhandbuch (www.familienhandbuch.de) heißt es deutlich, dass dieses ganz frühe Üben der Sprache der Entwicklung eines Kindes sehr viel bringt und dem Sprössling im späteren Leben einen großen Vorsprung verschafft.

Viele Eltern erachten es jedoch nicht für notwendig, schon mit Ihrem Säugling viel zu sprechen. Dabei muss Ihr Kind doch gerade das lernen, was es noch nicht beherrscht. Bereits ein Säugling sollte die verschiedenen Bausteine seiner Muttersprache kennen lernen. Jede Sprache verfügt über ein bestimmtes Repertoire an Lauten. So erwirbt ein deutscher Säugling anders klingende Sprachbausteine als etwa ein französisches oder englisches Baby. Entscheidend dabei ist, in welcher Umgebung er die Laute erlernt. Daher spricht ein in Deutschland aufwachsendes Kind, das eigentlich amerikanischer Herkunft ist, problemlos deutsch.

Ein kleines Kind muss die Laute immer wieder hören, wenn es sie unterscheiden und hervorbringen will. Das ist die wichtigste Grundlage für das Lesen. Diese Basis wird bereits im Säuglingsalter, hauptsächlich während der ersten sechs Lebensmonate, durch häufiges Reden und Vorlesen von Seiten der nächsten Mitmenschen geschaffen. Das Kleine lallt die Laute immer wieder vor sich hin und es kommen weitere Bausteine dazu.

Erwiesenermaßen besteht ein Zusammenhang zwischen dem Repertoire an Lauten, das ein Kind im Alter von 6 bis 18 Monaten erwirbt und seinem späteren Intelligenzquotienten. Je mehr Laute ein Säugling also beherrscht, desto intelligenter wird er später einmal sein.

Gefühl an Ihr Kind weiter. So wird es lernen, Geschichten mit schönen Gefühlen zu verbinden, und diese Emotionen auch beim selbstständigen Lesen wieder abzurufen. Einem kleinen Kind täglich zehn Minuten vorlesen ist die beste Vorraussetzung dafür, es zu motivieren, selbst einmal zu einer richtigen Leseratte zu werden und diese Freude dann auch später an seine eigenen Kinder weitergeben zu wollen. Schaffen Sie Ihrem Kind also die Basis für einen lebenslangen Lesespaß!

Wie soll ich mit einem Säugling sprechen?

Geben Sie Ihrem Baby also von Anfang an viel sprachliche Zuwendung! Genieren Sie sich nicht, mit Ihrem Winzling bei jeder Gelegenheit zu reden: beim Einkaufen im Supermarkt, während eines gemütlichen Spaziergangs im Park, zu Hause beim Füttern, beim Wickeln und Anziehen. Verwenden Sie eine möglichst vielseitige Sprache mit unterschiedlichen Lauten. Sie sollten dabei auch in verschiedenen Tonhöhen sprechen, mal singen, mal murmeln, mal flüstern oder brummeln. Ahmen Sie Geräusche nach, die um Sie herum zu hören sind, etwa die der Tiere. Ein Zoobesuch macht daher auch schon mit Ihrem Baby Sinn, obwohl es die Löwen, Affen und Bären nur aus dem Kinderwagen begutachten und noch keine Fragen darüber stellen kann. Aber es bekommt hier sehr interessante Eindrücke, von denen es viel profitiert.

Auch in einer anderen Sprache dürfen Sie mit Ihrem Säugling plaudern. Singen Sie ihm englische oder französische Lieder vor oder reden Sie mit ihm in einer Fremdsprache, die Sie beherrschen. Ihr Kleines wird die Laute und Klänge aufnehmen und die entsprechenden Bausteine in seinem Gehirn abspeichern. Es ist also kein Problem, wenn Sie Ihrem Kind schon sehr früh eine Fremdsprache beibringen wollen. Im Gegenteil: Das zwei- (binguale) oder sogar dreisprachige (trilinguale) Aufwachsen bietet Ihrem Kind viele Vorteile für sein ganzes weiteres Leben (siehe auch Seite 140).

VORLESEN UND LESEN REGEN DIE FANTASIE AN

Ihr Sprössling wird also durch das Vorlesen und Erzählen von Geschichten nicht nur ein solides Fundament für eine vielschichtige Sprachentwicklung und große Wortgewandtheit erwerben, sondern auch insgesamt sehr viel Kreativität und Fantasie entwickeln. Dies ist leicht nachvollziehbar: Kinder hören fasziniert zu, sie lassen

Lächeln

Lächeln Sie Ihr Kleines an, wenn es Ihnen durch Brabbeln, Mimik und Gestik auf seine Weise eine »Antwort« gibt. Das positive Feedback zeigt Ihrem Winzling, dass Sie ihn verstanden haben. Es ist außerdem eine schöne Art der Zuwendung und eine gute Motivation. Denn die Versuche der Lautbildung und des Verstehens sind für Ihr Baby sehr anstrengend und schwierig. Deshalb sollten Sie Ihr Kind für sein »Sprechen« auch immer wieder mit einem Lächeln belohnen.

sich von gesprochenen oder gelesenen Worten in eine andere Welt entführen, sodass in ihrem Kopf ein bunter Bilderbogen und ein eigenes kleines Reich entstehen. Gesprochene Worte erzeugen bei den Kindern einen richtigen kleinen Film, den sie sich interessiert und fasziniert ansehen. Ihr Gehirn hat die Fähigkeit, etwa ab dem 18. Lebensmonat innere Bilder zu erzeugen. Sie als Eltern müssen Ihrem Kind allerdings dazu auch den notwendigen »Stoff« liefern: Nur so hat es die Möglichkeit,

sich Situationen und Handlungen vorzustellen und sie in seiner Fantasie obendrein auszumalen und auszuschmücken. Aber nicht nur die Kreativität wird durch diese inneren Bilder angekurbelt, auch das so genannte »symbolische Denken«, das Denken in Sinnbildern, wird gefördert. Und gerade dies braucht Ihr Sprössling später, wenn er in die Schule kommt, um Buchstaben und Zahlen zu lernen und gekonnt mit ihnen umzugehen.

Kein passiver TV-Konsum!

Vorsicht: Bieten Sie Ihrem Baby oder Kleinkind sehr oft einen »äußeren« Bilderstrom in Form von Fernsehen an? Dann hat es gar nicht die Möglichkeit, seine inneren Bilder zu sehen! Eine spätere Lernstörung wäre die logische Konsequenz. Wenn Sie jedoch viel mit Ihrem Kind sprechen und ihm oft etwas vorlesen, fördern Sie seine Fantasie und seine Fähigkeit der inneren Bilderschau. Dies haben Sprachforscher bewiesen. Die Zwiesprache mit Ihrem Kind, entweder in Form von Geschichten oder Dialogen, ist also unersetzlich und unerlässlich für seine optimale Entwicklung.

Selbst wenn Ihr Spross beispielsweise viel englisches Fernsehen sieht, wird er dennoch nicht richtig Englisch sprechen lernen, wenn er die Sprache nicht auch durch sein Umfeld mitbekommt. Denn um eine Fremdsprache zu erlernen und sie richtig einzusetzen, bedarf es des aktiven Umgangs damit. Die elektronischen Medien sind also kein Ersatz für die menschliche Kommunikation! Sie rauben den Kindern obendrein noch wertvolle Zeit, in der sie eigentlich bessere Lernerfahrungen machen könnten: etwa indem sie mit ihren Plüschtieren kommunizieren, mit Freunden und Freundinnen Rollenspiele machen und vieles mehr.

Die passive Berieselung per Fernseher nimmt heute leider mehr und mehr überhand in der Erziehung, weil die Eltern zu wenig Zeit für ihre Kinder haben und zum Beispiel den Lebensunterhalt verdienen müssen – vor allem wenn sie allein erziehend sind. So fehlt es vielen Kindern auch an Zuwendung. Statistiken zeigen, dass eine Mutter durch-

schnittlich nur zwölf Minuten Zeit am Tag hat, um mit ihrem Kind in einen richtigen Dialog zu treten. Das ist viel zu wenig!

Auch die Beschäftigung der Kinder untereinander beschränkt sich häufig lediglich auf Computerspiele, den Gameboy oder die Playstation. So reden sie oft nur noch in Computer-Schlagworten und drücken sich nicht mehr sorgfältig aus. Ihre Verständigung ist stark durch die sehr einseitige Mediensprache geprägt. Manche Kinder haben heute gar keinen Zugang mehr zu den schönen, selbstverständlichen Dingen des Lebens. Sie kennen die Natur nicht, können eine Lilie nicht von einer Pfingstrose unterscheiden und wissen nicht, wie herrlich ein Veilchen duftet. Dies ist sehr schade.

Natürlich braucht Ihr Kind nicht ganz auf den Konsum der elektronischen Medien zu verzichten, denn diese bestimmen ja ein Stück weit auch seine Zukunft mit. Doch sollten Sie als Eltern hier oftmals Einhalt gebieten und Ihrem Nachwuchs nur eine begrenzte Zeit am Computer oder vor dem Fernseher einräumen. Schließlich wollen Sie doch, dass er sich gut entwickelt, dass seine Sinnesorgane die richtigen Reize bekommen und seine Motorik sowie seine Sprachbildung optimal gefördert werden. Die Entwicklung des kindlichen Gehirns ist, wie Sie inzwischen wissen, sehr stark davon abhängig, mit welchem »Stoff« es gefüttert wird, ob es abwechslungsreiche innere Bilder sehen darf oder ob es nur passiv von außen berieselt wird. Lassen Sie den Fernseher also lieber öfter ausgeschaltet, wenn Sie erreichen wollen, dass Ihr Sprössling kreativ und fantasievoll wird und für die Herausforderungen des Lebens optimal gerüstet ist.

DIE WELT DER BÜCHER

Nicht alle Kinder lesen so gern, wie sich das viele Eltern wünschen. Wie also können Sie Ihren Spross dazu bewegen, Freude an Büchern zu bekommen? Seien Sie in erster Linie auch hier ein gutes Vorbild. Denn der Vorwurf, dass Kinder nicht lesen, kommt fast immer von Eltern, die selbst nicht gerne ein Buch zur Hand nehmen. Kinder lernen nun einmal durch Nachahmen. Und wenn ihnen schon als Baby oder Kleinkind niemand etwas vorliest, wie sollen sie dann die Welt der Bücher entdecken? Zeigen Sie Ihrem Kind, dass Ihnen Bücher wichtig sind, dass sie wertvolle Begleiter in Ihrem Leben darstellen. Suchen Sie immer wieder Rat in Büchern, lassen Sie sich als Eltern auch selbst durch interessante Romane ins Reich der Fantasie entführen und von einer schön geschriebenen Sprache bezaubern. Dann werden Sie die Freude daran auch an Ihr Kind weitergeben. Sind Bücher zu Hause »normal«, dann wachsen Kinder mit dem Lesen ganz selbstverständlich auf.

Wissenschaftliche Untersuchungen zeigen, dass die Lesebereitschaft der Kinder deutlich zunimmt, wenn die erwachsenen Familienmitglieder, die Eltern und Geschwister, aber auch die Großeltern, sich selbst gerne der Literatur widmen. Lesen Sie Ihrem Kind deshalb vor allem schon von klein auf viel vor, erzählen Sie ihm fantasievolle Geschichten von zauberhaften Feen und witzigen Kobolden,

Tipps für kleine Bücherwürmer

✗ Kinder – egal in welchem Alter – sollten Bücher haben, die nur ihnen allein gehören und ein Plätzchen, wo sie sauber aufgereiht sind. Ein eigenes Bücherregal, auch wenn es nur ein Bord über dem Bett ist, macht das Buch zum Teil der Kinderwelt.

✗ Lesen Sie Ihrem Kind regelmäßig vor. Auch dann, wenn es schon lesen gelernt hat.

✗ Lesen Sie alles vor. Neben Büchern sind auch Verpackungen, Schilder und Werbeplakate für Ihr Kind interessant.

✗ Lassen Sie Ihr Kind in Büchern stöbern. Gehen Sie mit ihm öfter in eine Bücherei oder Buchhandlung.

✗ Lesen soll eine Belohnung sein und keine Pflicht. Deshalb: Lassen Sie Ihr Kind nie zur Strafe lesen!

✗ Sorgen Sie dafür, dass es immer genügend Lesestoff gibt, ob im Auto, im Zug oder im Wartezimmer des Kinderarztes.

✗ Schenken Sie oft Bücher. Sie geben Ihrem Kind damit Lesefreude, die ein Leben lang anhält.

von den Tieren und Pflanzen, die sie um sich herum sehen. Auch wenn Sie mit Ihrem Grundschulkind gemeinsam lesen und sich für sein Leseverhalten interessieren, ist dies eine große Bereicherung. Denken Sie immer daran: Kinder, die viel lesen, sind später in der Schule nicht nur besser in Deutsch, sondern auch insgesamt klüger, kommunikativer, fantasievoller und sprachgewandter (siehe auch »(Vor-)Lesen bereichert das Gefühlsleben«, Seite 83).

Welche Bücher sind zu empfehlen?

Wenn Ihr Kind durch Ihr intensives Erzählen und Vorlesen mit der Welt der Buchstaben und Worte schon richtig vertraut ist, dann entwickelt es wahrscheinlich ganz automatisch das Bedürfnis, sich Büchern zuzuwenden – vielleicht wird es sogar zu einer richtigen Leseratte. Irgendwann möchte es dann selbst weiterlesen, wenn Sie als Mutter oder Vater alles zu langsam vortragen und Ihr Kind die Buchstaben schon kennt. Denn schließlich ist es neugierig auf das spannende Ende einer Geschichte. Aber oft genug bitten die Kinder, auch wenn sie das Lesen schon gut beherrschen, doch noch die Eltern, ihnen ein Buch vorzulesen. Kommen Sie diesem Wunsch immer wieder einmal nach, denn bestimmt ist Ihr Kind nicht zu träge dazu, sondern möchte lediglich Ihre Aufmerksamkeit und Ihre liebevolle Zuwendung genießen.

Ihr Nachwuchs sollte zudem seinen eigenen Platz zum Lesen und für seine Bücher haben. Richten Sie ihm eine gemütliche Leseecke mit guten Büchern aus der Kinderliteratur ein, in der es nach Herzenslust schmökern kann. Das Ausleihen von Büchern ist ebenfalls sehr sinnvoll, gerade wenn Ihr Spross viel Lektüre »verschlingt«. Aber er sollte vor allem seine Lieblingsbücher selbst besitzen dürfen, denn diese sind wie eine kleine geistige Heimat für ihn.

Die Auswahl an guten Kinderund Jugendbüchern ist enorm. Sicher stehen Sie manchmal hilflos vor den Regalen einer Buchhandlung und können keine Entscheidung treffen. Nehmen Sie am besten Ihr Kind mit, denn es weiß selbst schon sehr genau, was es lesen möchte.

Das eine oder andere Mal fragen Sie sich vielleicht, ob das ausgewählte Buch wirklich gut ist. Gibt es nicht auch Bücher, die »schlecht« sind? Achten Sie in jedem Fall darauf, dass die Lektüre dem Alter Ihres Kindes entspricht (siehe Kasten Seite 92). So können Sie sicher sein, dass Ihr Nachwuchs weder über- noch unterfordert wird. Wählen Sie namhafte Autoren, die vielleicht schon einen oder gar mehrere Preise erhalten haben. Auch das garantiert Ihrem Sprössling einen guten, lehrreichen Lesegenuss.

Natürlich darf Ihr Kind – ebenso wie Sie selbst – auch zwischendurch in einem Comic-Heft oder einem Serienroman schmökern. Aber am besten erst dann, wenn er schon gut lesen kann. Zum Lernen des flüssigen Lesens ist dieser Stoff nicht geeignet, vor allem dann nicht, wenn er die einzige Lektüre darstellt. Je mehr und je unterschiedlichere Dinge Sie Ihrem Kind zum Lesen anbieten, desto größer ist die Wahrscheinlichkeit, dass es gerne lesen wird. Doch garantieren kann Ihnen dies trotzdem niemand, denn sogar Kinder mit sehr lese- und erzählfreudigen Eltern können Phasen durchleben, in denen sie einfach ganz andere Dinge im Kopf haben. Hier verhält es sich wie mit der Musik (siehe auch Kapitel »Warum Musik für Ihr Kind so wichtig ist«, Seite 101 ff.). Bekommt Ihr Nachwuchs jedoch schon früh von Ihnen durch häufiges Lesen und Erzählen von Geschichten eine gute Basis an literarischer Bildung mit auf seinen Lebensweg, so wird er bestimmt immer wieder darauf zurückgreifen und sich gerne an die schönen Stunden erinnern. Denken Sie aber immer daran: Lesen ist zwar »trainierbar«, die Freude an schöner, wertvoller Literatur kann man jedoch trotzdem nicht jedem Kind aufzwingen. Diese muss ganz von selbst, von innen heraus entstehen.

Fantastische Geschichten und gruselige Märchen

Manche Bücher gehören einfach zur »klassischen« Grundausrüstung und sollten im Bücherregal Ihres Kindes einen festen Platz haben. Für die ganz Kleinen bedarf es zunächst großformatiger, robuster Bilderbücher mit plakativ-bunten Illustrationen. Die Kinderlektüre kann den Eltern dann eine gute Unterstützung bei der Erziehungsarbeit sein. Etwa ab dem zweiten Lebensjahr, wenn die Sprösslinge ein wenig selbstständiger werden, lassen sich schwierige Erziehungssituationen durch Bilderbücher unterstützen. Sie als Eltern können von der Tatsache profitieren, dass Kinder gerne durch Vorbilder lernen, also auch durch ihre kleinen Helden im Buch. Wenn zum Beipiel der brave Simon aus dem Bilderbuch nicht mehr am Daumen lutscht, mag vielleicht auch Ihr Kind seinen Finger nicht mehr in den Mund nehmen. Oder wenn Ihr Kind im Bilderbuch sieht, wie der kleine Max aufs Töpfchen geht, will es möglicherweise sein Geschäft ebenfalls dort machen. Auch der kleine Bär aus dem Bilderbuch, der immer brav seine Zähne putzt, oder der kleine Rabe, der in seinem Nest für Ordnung sorgt, sind ein gutes,

Welches Buch passt zu welchem Alter?

Damit Sie sicher sein können, dass der ausgewählte Lesestoff auch wirklich zu Ihrem Kind passt, sehen Sie hier auf einen Blick, in welchem Alter welches Buch zur Hand genommen werden kann:

✗ **Frühes Kindergartenalter:** Bilderbücher, Märchenbücher und Kinderbücher zum Vorlesen, Klapp- und Faltbücher sowie Kinderhörbücher und -kassetten.

✗ **Vorschulalter:** Märchenbücher und Kinderbücher zum Vorlesen; erste Leselernbücher mit großen Buchstaben, Bildern und Symbolen; Klapp- und Faltbücher; Kinderhörbücher und -kassetten.

✗ **Frühes Grundschulalter:** Märchenbücher und Kinderbücher zum Vorlesen; erste Kinderbücher mit einfachen Texten zum Selbstlesen; illustrierte und anschaulich gestaltete Wissensbücher mit einfachen Texten; Kinderatlanten mit großem Bildanteil und einfachen Texten; Kinderhörbücher und -kassetten.

✗ **Spätes Grundschulalter/Jugendalter:** Märchenbücher zum Selbstlesen; Kinder- und Jugendbücher zum Selbstlesen; komplexere, anschaulich gestaltete Sach- und Wissensbücher; Jugendhörbücher und -kassetten.

nachahmenswertes Vorbild für Ihren Nachwuchs.

Ab etwa vier Jahren sind Märchen- und Abenteuerbücher ein absolutes Muss. Die Kinder mögen häufig Fantasy-Geschichten aus anderen Reichen, in denen von Elfen und Kobolden, gruseligen Monstern, bösen Hexen und wundersamen Zauberern die Rede ist. Mit solchen erfundenen Wesen können sich die Kleinen identifizieren und lernen, die eigene Welt nach und nach besser zu verstehen. Hier wird bereits vermittelt, was Gut und Böse heißt, Stärke und Schwäche, Armut und Reichtum, Mut und Feigheit, Angst und Zorn, Liebe und Hass. Märchen und Fantasiegeschichten überbringen ihren kleinen Lesern und Zuhörern wichtige Botschaften, die ihnen helfen, Emotionen und die eigene Position in der Welt richtig einzuordnen. Bestimmt erinnern Sie sich selbst noch an Klassiker wie die Märchen der

Gebrüder Grimm oder von Hans-Christian Andersen. Sie haben bis heute nicht an Aktualität verloren.

Ebenfalls wichtig sind Kinderlexika. Wann lebten die Dinosaurier? Wer hat die Glühbirne erfunden? Warum gibt es auf der Erde so viel Wasser? Und wann wurde der erste Mensch geboren? Ist auch Ihr Kind neugierig und stellt Ihnen immer wieder solche und ähnliche Fragen? Das ist ganz normal, denn alle Kinder sind von Natur aus wissbegierig. Sie wollen die Welt und das, was darin passiert, verstehen. Dieser Wissensdurst wird gestillt, wenn Sie Ihrem Nachwuchs ein Kinder- und Jugendlexikon sowie Wissensbücher über verschiedene Themenbereiche schenken. In den bunt illustrierten Werken findet er in anschaulicher Weise Antworten auf all seine Fragen – egal, ob es nun um das Universum, die Erde, die Pflanzen, die Tiere, den Menschen oder um römische Geschichte und die Welt der Computer geht. Ein weiterer Vorteil ist, dass auch Sie als Eltern in solchen Büchern meist noch viel Wissenswertes erfahren können.

Die besten Bücher für jedes Alter

BÜCHER FÜR BABYS

In der Tat, Sie können schon Ihrem Baby eine kleine »Lektüre« ins Bettchen oder in den Kinderwagen legen. Wenn man den Begriff »Buch« etwas weiter fasst, dann ist bereits für einen sechs Monate alten Säugling ein Büchlein ein schönes Geschenk.

✔ **Kuschelbücher:** Diese gibt es wirklich! Sie sind aus Stoff, ganz ohne scharfe Kanten und Ecken. Mit ihnen kann Ihr Baby knuddeln und, wenn es Lust hat, sich die großen Bilder ansehen – etwa einen Ball, ein Auto oder eine Puppe. Das erste Buch Ihres Babys ist außerdem ein nettes Spielzeug, das Sie unbedingt aufheben sollten, damit Ihr Kind später einmal eine schöne Erinnerung an seine Babyzeit hat.

✔ **Bücher zum Tasten:** Hochinteressant sind Babybücher, die aus verschiedenen Materialien gemacht sind, und so den Tastsinn anregen.

✔ **Wasserfeste Bücher:** Es gibt sogar Kunststoffbücher für die Badewanne, mit denen Ihr Kleines seine Eltern und Geschwister ordentlich nass spritzen kann. Ein feuchter Spaß, mit dem sich Ihr Baby bestimmt immer wieder gerne im warmen Wasser tummelt.

BÜCHER FÜR KLEINKINDER

Der Weg zum Lesen beginnt schon ganz früh, nämlich dann, wenn Ihr Sprössling eine Faszination für Wörter entwickelt. Schnell bekommt er Freude an Geschichten – solange Sie ihm nur genug davon präsentieren. So können Sie das Interesse an der Lektüre bei Ihrem Sprössling bereits einige Jahre vor Schuleintritt wecken. Dies gelingt Ihnen durch gemeinsames Betrachten von Bildergeschichten und regelmäßiges Vorlesen. Es macht Ihrem Kind Lust auf mehr und spornt es an, so schnell wie möglich selbst das Lesen zu lernen. Die Freude am Zuhören führt automatisch zum Spaß am Selbstlesen. Bleiben Sie vor allem ganz gelassen, wenn Ihr Kind seine Lieblingsgeschichte fünfmal oder gar noch öfter hören möchte – sie gefällt ihm eben besonders gut, und es kann sie daher gar nicht oft genug vorgelesen oder erzählt bekommen. Aber welche Bücher sind für die einzelnen Altersstufen besonders geeignet und welche Vorteile haben sie? Die Auswahl ist riesig und faszinierend, denn es kommen stets neue Buchideen auf den Markt.

Alle Familienmitglieder, die größeren Geschwister, die Großeltern, Tanten und Onkel dürfen die Lesefreude Ihres Nachwuchses fördern, indem sie mit ihm hübsche Bücher ansehen oder ihm etwas vorlesen. Viele davon sind schon ab einem Alter von einem Jahr geeignet und machen das Lesen bereits jetzt zu einem zentralen Bestandteil des jungen Lebens.

✔ **Bücher zum Tasten und Fühlen:** Sicher hat Ihr Kind viel Spaß an Pappbüchern, die seinen Tastsinn anregen. Es steckt seine Fingerchen durch kleine Löcher und ertastet die Felle von Streicheltieren und Figuren. Ergänzt werden diese Bücher meist durch kurze Reime.

✔ **Fotobücher:** Schon für die Kleinsten gibt es Bücher mit Fotos. Das sind weiche Stoffbücher mit eingenähten Schubtaschen, in die ganz persönliche Fotografien gesteckt werden können. Ihr Kind vermag darauf seine Umgebung und auch sich selbst wiederzuerkennen.

✔ **Robuste Bilderbücher:** Etwa ab anderthalb Jahren sind feste Bilderbücher aus Pappe angesagt. Kleinkinder lieben großflächige Bilder, auf denen sie immer wieder etwas Neues entdecken und die sie alleine oder mit anderen zusammen ansehen. Auch Bücher, die Geräusche machen, bringen den Kleinsten viel Freude.

✔ **Den eigenen Körper entdecken:** Eine nette Idee sind Bücher über den eigenen Körper. Sie sind etwa ab zwei Jahren geeignet und zeigen die einzelnen Körperteile pfiffig illustriert. Mama oder Papa dürfen den kleinen Text dazu vorlesen. So entdeckt Ihr Kind schon jetzt seine fünf Sinne.

✔ **Erste Wissensbücher:** Die Umwelt entdecken und Dinge aus dem Umfeld mit Namen benennen – das lernt Ihr Kleines durch die ersten Wissensbücher, in denen ihm große Abbildungen zeigen, was wichtig in seinem jungen Leben ist.

✔ **Bunte Lokomotiven und Autos:** Solche Bücher dürfen im Regal Ihres Kleinkindes, vor allem wenn es ein Junge ist, auf keinen Fall fehlen. Die dicken Pappbücher zeigen große Lokomotiven, deren Anhänger mit Steinen und Bauklötzen beladen sind, Autos wie eine Feuerwehr, die einen Brand löscht, einen Polizeiwagen im Einsatz oder einen hohen Kran auf einer Baustelle. Dies sind die ersten Lernbücher, die Ihr Kind noch im Vorschulalter lieben wird.

✔ **Bücher zum Aufklappen:** Hinter Klapptürchen entdeckt Ihr Spross erklärende Bilder aus interessanten Themenbereichen, etwa welche Jahreszeiten es gibt, was man alles essen kann oder welche Tiere auf einem Bauernhof leben.

✔ **Tierbücher:** Sie sind ganz wichtig auf dem Entwicklungsweg Ihres Kindes. Tiere sprechen ihre eigene Sprache, die es zu entdecken und nachzuahmen gilt. Außerdem haben sie ganz individuelle Eigenschaften. Falls Sie selbst mit einem Haustier leben, weiß Ihr Sprössling ohnehin schon, wie sehr diese Wesen unser Dasein bereichern.

✔ **Bücher zum Vorlesen für das Kindergartenalter:** Etwa ab einem Alter von drei oder vier Jahren lesen Sie Ihrem Kleinen immer wieder einmal einfache Texte vor. Das Kind kann sich jetzt schon für kurze Zeit auf den Inhalt konzentrieren und die Handlung verfolgen.

✔ **Märchen- und Erlebnisbücher:** Sie sind für die Jüngsten ganz einfach aufgemacht und bringen den Kindern die Geschichten auf spielerische Weise näher. Märchenfiguren sind Vorbilder, an denen Ihr Kind lernt, was Gut

und Böse heißt, und dass man sein Ziel nie aus den Augen verlieren darf. In diesen Büchern werden kleine Mädchen von der Welt der Prinzessinnen und Feen fasziniert und Jungen von magischen Orten und geheimnisvollen Kräften verzaubert.

✔ **Gutenachtgeschichten:** Sie sind ein wichtiger Bestandteil des allabendlichen Einschlafrituals und werden vor allem vorgelesen, denn sie haben eine beruhigende, Schlaf fördernde Wirkung auf Ihr Kind. Beliebt sind die Geschichten vom Sandmann. Außerdem gibt es zahlreiche Bücher mit einzelnen Gutenachtgeschichten für jeden Tag, die sehr hübsch illustriert sind.

✔ **Lernbücher für das Vorschulalter**: Für Kinder ab fünf Jahren gibt es so genannte Leselern-Bücher, die, durch Bilder unterstützt, mit einfachen Worten in großen Buchstaben eine Geschichte erzählen. Sie eignen sich sehr gut zum Vorlesen, können aber auch bei den ersten eigenen Leseversuchen großen Spaß machen und Ihrem Kind viele Erfolgserlebnisse bringen.

BÜCHER FÜR SCHULKINDER

Schulanfänger haben oft ihre Schwierigkeiten mit dem Selbstlesen. Mühsam ist besonders das Entziffern der einzelnen Buchstaben, was zunächst für die Kleinen kein Spaß ist. Damit Ihrem Kind das Lesen aber dennoch Freude bereitet, ist es wichtig, dass Sie ihm die richtigen Bücher, seinem jeweiligen Lesevermögen entsprechend, zur Verfügung stellen. Wenn Ihr Nachwuchs schließlich gut lesen kann, gibt es natürlich auch für jede Altersstufe geeignetes Lesefutter. Grundsätzlich gilt: Je älter das Kind ist, desto weniger Bilder und desto mehr Text braucht es.

✔ **Erste Lesebücher:** Ihr Spross beginnt mit ganz leichter Lektüre. Die Buchstaben sind groß gedruckt, die Wortwahl ist einfach, die Bebilderung reichhaltig. Die Lektüre wird dann jedes Jahr ein wenig schwerer und die Ausdrucksweise langsam etwas anspruchsvoller. Schritt für Schritt können Sie Ihr Kind so mit dem entsprechenden Buchmaterial bis hin zum perfekten Lesen begleiten.

✔ **Bücher für Mädchen und Jungen:** Ab einem Alter von etwa acht Jahren lieben Mädchen Geschichten von Feen und kleinen Hexen, von Pferden und anderen Tieren. Auch Erzählungen über das Leben in der Schule interessieren die Kinder in diesem Alter, und zwar nicht nur die Mädchen. Jungen ab acht Jahren mögen am liebsten Abenteuergeschichten, spannende Erzählungen über verborgene Schätze und starke Cowboys. Auch Hexerei und Tiergeschichten sind bei ihnen angesagt. Wenn sie ein wenig älter sind, folgen Detektivgeschichten, bei denen sie richtig mitdenken müssen und kleine Rätsel zu lösen haben. Trennen Sie jedoch nie zu stark zwischen Mädchen- und Jungenbüchern. Jedes Kind hat seine ganz eigenen Interessen und weiß am besten, was es gerne lesen möchte.

✔ **Wissensbücher und Kinderlexika:** Diese stehen jetzt bei den Kindern sehr hoch im Kurs. Kleine Nachschlagewerke dürfen Sie Ihrem Kind keinesfalls vorenthalten, zumal es schon recht gut in der Lage ist, selbst darin nachzulesen. Solche Bücher sind natürlich auch für Sie als Eltern interessant, denn hier können Sie garantiert noch einiges dazulernen!

✔ **Bekannte und viel gelesene Autoren:** Hier können wir nur eine kleine Auswahl nennen. Erich Kästner beispielsweise mit »Das doppelte Lottchen« oder »Pünktchen und Anton« ist für Kinder ab acht Jahre geeignet und immer noch ein echter Klassiker. Auch die Werke von Astrid Lindgren, die vielleicht schon Ihnen mit ihren Geschichten von Pippi Langstrumpf oder Michel aus Lönneberga Freude bereitet hat, gehören zur Kategorie sehr guter Lektüre. Natürlich dürfen auch Autoren wie Otfried Preußler (»Der Räuber Hotzenplotz«), Cornelia Funke (»Herr der Diebe«), Paul Maar mit seinen Geschichten über »Das Sams« und Enid Blyton mit den Abenteuern der »Fünf Freunde« nicht fehlen. Die Auswahl an guter Lektüre für Schulkinder ist riesig und fällt daher oft nicht leicht. Lassen Sie sich gemeinsam mit Ihrem Kind in einer Buchhandlung beraten.

Bücher für Teenager

Lesen ist kinderleicht – zumindest dann, wenn Ihr Kind es richtig beherrscht: Es wirft einen flüchtigen Blick auf die Buchstaben, und im Nu hat es das Wort, den Satz und dann irgendwann sogar die ganze Zeile erkannt. Sein Gedächtnis hilft ihm, den Text zu erfassen, ohne dass es ihn wirklich Buchstabe für Buchstabe lesen muss. So jedenfalls liest Ihr Kind, wenn es schon recht groß ist und sehr viel Übung hat. Dann ist es vielleicht bereits eine richtige Leseratte. Aber der Weg dorthin dauert ziemlich lang. Als Teenager, in einer Zeit, in der es emotionale Berg- und Talfahrten erlebt, liest es gerne Bücher, die seinen wechselnden Gefühlen Ausdruck verleihen – zum Beispiel Liebes- oder Abenteuergeschichten. Auch ist es wichtig, dass sich die Kinder immer mehr Wissen aneignen. Das Bücher-Angebot ist hier ebenfalls reichhaltig.

✔ **Kinder- und Jugendromane:** Ab zwölf oder dreizehn Jahren sind diese schon sehr gefragt. In den Romanen geht es um tägliche Probleme, welche die Jugendlichen bewegen, vor allem aber um Themen, die mit der nun eintretenden Pubertät aufkommen: die erste Verliebtheit, der erste Liebeskummer, Freundschaften in der Schule, die geknüpft werden oder wieder auseinander brechen. Konflikte mit den Eltern und Geschwistern, Lernstress oder Angst vor schlechten Noten sind ebenfalls oft Inhalt der Romane.

✔ **Fantasyromane:** Sie spielen in fernen Galaxien oder fremden Reichen und erzählen von einer Welt der Zauberei und Magie. Ein berühmtes Beispiel für die Beliebtheit solcher Fantasy-Romane ist natürlich »Harry Potter« von der englischen Autorin Joanne K. Rowling.

✔ **Detektivgeschichten:** Sie sind immer noch gefragt, wenn auch inzwischen möglicherweise viele andere Themen mehr im Vordergrund stehen. Die heranwachsenden Spürnasen dürfen jetzt schon richtig schwierige Fälle lösen und vertreiben sich mit einer solchen Lektüre die Zeit sinnvoller und lehrreicher als vor dem Fernseher.

✔ **Aufklärung:** Auch zu diesem Thema sollte Ihr Kind ein Werk besitzen, in dem es immer wieder nachschlagen kann. Neben dem Sexualkundeunterricht in der Schule und den Erklärungen, die Sie als Eltern Ihrem Kind geben können, beantwortet ein Aufklärungsbuch Fragen rund um den eigenen Körper, Liebe und Sexualität. Einfache Aufklärungsbücher sind aber auch schon für jüngere Kinder geeignet.

✔ **Wissensbücher:** Kinder in diesem Alter, aber auch schon jüngere, lieben beispielsweise das »Guinness-Buch der Rekorde«. Es wird jedes Jahr neu herausgeben. Zudem sind Wissensbücher und Lexika jetzt gefragter denn je und dürfen in der ganz persönlichen Bibliothek Ihres Sprösslings nicht fehlen. Immer wieder tauchen in der Schule Fragen auf, die er dann zu Hause mit Hilfe solcher Bücher beantworten kann. Vielleicht steht in Ihrem Wohn- oder Arbeitszimmer auch ein gutes mehrbändiges Lexikon, in dem Ihr Kind ab und zu etwas nachschlagen kann.

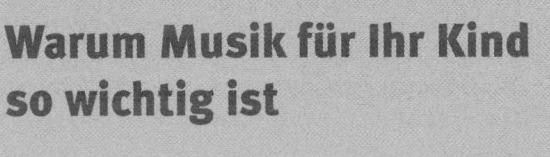

Warum Musik für Ihr Kind so wichtig ist

Ein Gefühl für Musik entwickeln

Bereits im Mutterleib erleben die Ungeborenen alle Elemente der Musik – Klang, Rhythmus, Dynamik und Melodien. Sie hören den Herzschlag der Mutter, sie hören deren Sprech- und Singstimme. Mütter fühlen außerdem meist schon in der Schwangerschaft, welche Musik ihr Ungeborenes liebt und hören sich hin und wieder die entsprechenden Klänge an, um sich auf den Nachwuchs und dessen Geburt einzustellen. Der Umgang mit Tönen und Rhythmen wird also schon im Mutterleib regelrecht »trainiert«. Jedes Kind hat einen Sinn für Musik und kommt auch mit einem natürlichen Rhythmusgefühl auf die Welt. Unmusikalische Kinder gibt es einfach nicht.

Während der Entbindung wollen manche Mütter gerne beruhigende Musik hören, weil sie wissen, dass diese auch ihrem Kleinen gut tut. Im Babyalter dann »lallen« die Winzlinge bereits so manches Mal ein Liedchen, wenn auch eher rein zufällig. Bestimmte Rhythmen erforschen und erfinden die Kleinen etwa ab einem Alter von anderthalb bis zwei Jahren, wenn sie begeistert mit Mamas Kochlöffeln auf dem Fliesenboden oder auf einem Topf herumtrommeln. Kein Wunder, dass sich schon die Kleinsten in rhythmischem Trommeln üben, denn es ist wissenschaftlich erwiesen, dass sich der Mensch bereits seit Urzeiten musikalisch betätigt.

Musik ist in unseren Genen regelrecht verankert und gehört einfach zu unserem Leben und zum Wohlfühlen dazu. Unsere Ahnen und Urahnen, etwa die Neandertaler, experimentierten natürlich noch mit sehr simplen Instrumenten, wie archäologische Funde beweisen. Überreste aus der Steinzeit lassen auf Musikinstrumente wie Flöten schließen, mit denen die Urmenschen wahrscheinlich nur durch ein paar Töne einfache Melodien spielen konnten. Musik wirkt wie eine Art gemeinsamer Sprache, welche die Menschen schon seit Urzeiten miteinander verbin-

Musik in den Genen?

Natürlich unterscheiden sich die Menschen hinsichtlich ihrer Begabungen ganz erheblich. Der eine zeigt sich für technische Dinge talentiert und kann schon als Vierjähriger mit seinem Baukasten die kühnsten Konstruktionen erschaffen, der andere hat ein ausgesprochen gutes räumliches Vorstellungsvermögen und plant in kürzester Zeit ein Haus in perfekter Architektur. Außerdem gibt es Menschen, die mit ihrer hohen Sprachbegabung die schönsten Texte hervorzuzaubern, und solche, deren Koordinationsvermögen und Körperbeherrschung sie zu höchsten sportlichen Leistungen befähigen. Ganz klar, auch für die Musik gilt: Wie gut wir wirklich mit dieser schönen Kunst umzugehen verstehen, wie schnell wir ein Instrument lernen können, hängt zum Teil von unseren Genen ab. Aber eben nur zum Teil, nicht ganz und gar.

Dass Musikalität vererbbar ist, gilt als erwiesen, aber die Fähigkeit des Lernens und Übens spielt auch hier eine sehr große Rolle und es ist schade, wenn man einem Kind von vornherein bescheinigt: »Der Junge ist doch total unmusikalisch!« – was im Volksmund schnell passiert. Mit dieser Einschätzung wird rasch ein voreiliges Urteil gefällt. Hiermit nimmt man einem Kind jedoch die wertvolle Möglichkeit der Entwicklung und verspielt eine große Chance: Studien beweisen, dass durch eine frühe musikalische Förderung sehr viel erreicht werden kann und die Kinder ihre Fähigkeiten zum Musizieren spielerisch zur Entfaltung bringen können.

det. Sie drückt Gefühle aus und wird bis heute als Kommunikationsmittel genutzt. Manchmal können wir uns durch Musik sogar präziser ausdrücken als mit vielen Worten. Kindern wohnt dieser Sinn für Musik von Geburt an inne, der deshalb entsprechend frühzeitig gefördert und unterstützt werden sollte.

Übung macht den Meister

Das Üben, Lernen und Trainieren durch häufiges Wiederholen spielt eine enorme Rolle bei den Fortschritten Ihres Kindes. Das gilt auch für alles andere, was Ihr Nachwuchs lernt, egal ob es nun das Skifahren oder Fremdsprachen sind. Wer wirklich virtuos werden will, muss üben, üben, üben. An einem konsequenten und mühsamen Training kommt keiner vorbei, der etwas erreichen will. Natürlich gibt es so genannte »Genies«, die Hochbegabten, denen eine besondere Fähigkeit scheinbar in die Wiege gefallen ist. Doch auch das Wunderkind Mozart verbrachte endlos viele Stunden am Klavier. Er schulte auf diese Weise fortlaufend sein Gehör und das Spiel seiner Finger. Dieses beständige Üben, das fortwährende Wiederholen immer gleicher musikalischer Phrasen und Klangabläufe bewirkt im Gehirn enorme Veränderungen.

Der bekannte Mediziner, Neurowissenschaftler und Musikforscher Prof. Manfred Spitzer erklärt es in seinem Buch »Musik im Kopf« folgendermaßen: »Unser Gehirn ist nicht statisch, sondern vielmehr äußerst plastisch, das heißt, es passt sich den Bedingungen und Gegebenheiten der Umgebung zeitlebens an. Diese Anpassungsvorgänge im Zentralnervensystem an die Lebenserfahrung eines Organismus bezeichnet man als Neuro-

plastizität.« Das Gehirn verändert sich also, wenn es bestimmte Reize immer wieder erhält oder bestimmte Bewegungen immer wieder macht. »Dadurch verändern sich die Stärken der Verbindungen zwischen den Nervenzellen, wodurch wiederum die Wahrnehmungen und Bewegungen besser – das heißt rascher und genauer – funktionieren.« Schneller, präziser, perfekter: Wer die Mühe nicht scheut, wer sich auch von Misserfolgen nicht entmutigen lässt, kann sein Instrumentenspiel (oder auch seine Gesangsstimme) stetig verfeinern und großartige musikalische Leistungen vollbringen, auch mit durchschnittlicher Begabung! Deshalb ist das Beste, was Sie für Ihr Kind tun können, es zu motivieren und seine Begeisterung zu wecken. Vor allem aber sollten Sie es auf keinen Fall kritisieren, wenn es sich nicht von selbst für Musik interessiert und den Wunsch äußert, ein Instrument zu erlernen. Akzeptieren Sie, dass seine Interessen woanders liegen und fördern Sie seine Fähigkeiten in anderer Form.

MUSIK ERWEITERT DEN INTELLEKTUELLEN HORIZONT

Jedes Kind ist von Natur aus offen für schöne Klänge und Rhythmen. Sie als Eltern haben es in der Hand, die Anlagen Ihres Kindes entsprechend zu fördern. Bringen Sie ihm zunächst die Musik nahe, damit es Lust bekommt, noch mehr darüber zu erfahren, ein Instrument zu erlernen und viel Musik hören zu wollen. Leicht ist es natürlich, wenn Sie selbst ein Instrument sehr gut beherrschen oder singen können. So bekommt Ihr Nachwuchs automatisch zu Hause mit, dass Musik etwas sehr Schönes sein kann. Aber auch im Kindergarten und in der Schule wird eine musikalische Förderung angeboten. Erhält Ihr Kind jedoch in diesem Bereich gar keine Anregungen, so verkümmert sein musikalisches Interesse schnell.

Das wäre schade, denn Studien belegen, dass sich durch den Umgang mit Tönen und Melodien das Gehirn besser entwickelt. Wissenschaftler stellten fest, dass sogar bereits das Hören von Musik die Intelligenz und Ausdrucksfähigkeit anregt.

Das Erlernen der Noten fördert zudem das abstrakte und räumliche Denken. Verschiedene deutsche und österreichische Studien beweisen außerdem, dass Kinder, die ein Instrument spielen, wesentlich motivierter in der Schule sind und dadurch auch bessere Leistungen erzielen. Sie sind ausgeglichener und kommunikativer.

Isaac Stern (1920 – 2001), einer der bedeutendsten Violinisten des 20. Jahrhunderts, sagte einmal: »Musik zivilisiert. Musik macht wachsam. Musik weckt die Fantasie. Sie tröstet dich, wenn du traurig bist, sie bringt dich zum Lachen, wenn du dir Sorgen machst, und sie macht den Kopf klar, wenn alles drunter und drüber geht. Wer Musik macht, lernt nicht zu hassen. Wer Musik macht, lernt zu hören, zuzuhören und zu denken.« Bieten Sie Ihrem Kind also immer wieder Gelegenheit, mit der Musik auf Tuchfühlung zu gehen, denn sie hilft ihm, die Gedanken zu ordnen, mit sich selbst und seinen eigenen Emotionen in Kontakt zu kommen und mit anderen Menschen zu kommunizieren.

MUSIZIEREN FÖRDERT DIE GEHIRNENTWICKLUNG

Musik hören und selbst musizieren fördert die Vernetzung im Gehirn. Der Umgang mit Musik regt die verschiedenen Hirnregionen an und sorgt für ein vermehrtes Wachstum von Neuronen und Synapsen. Für die Melodieerkennung und -verarbeitung wird vor allem die rechte Gehirnhälfte aktiviert, während für den Rhythmus die linke zuständig ist. Bei Musikern ist deshalb die Verbindung zwischen beiden Gehirnhälften, das »Corpus callosum«, auch »der Balken« genannt, breiter und dichter ausgebildet als bei Nicht-Musikern. Außerdem wurde nachgewiesen, dass an der Verarbeitung von Musik im Gehirn nahezu die gesamte Hirnrinde (Kortex) beteiligt ist. So kann das Zentralorgan mehrere über das Gehirn verteilte Aufgaben miteinander verbinden.

Spielen Sie also ein Instrument, etwa Klavier oder Geige, dann müssen Sie lernen, beide Hirnhälften miteinander zu koordinieren. Und auch die weiteren, gleichzeitig ablaufenden Aktivitäten, etwa das Hören, las-

Musik bringt Lebensfreude

Ein Instrument zu erlernen macht nicht nur Spaß, es wirkt sich auch äußerst positiv auf andere Bereiche aus. Selbst wenn Ihr Kind erst später, vielleicht als Teenager oder gar als Erwachsener, mit dem Klavier-, Gitarre- oder Flötespielen beginnt, trainiert es damit Intelligenz, Koordination und nicht zuletzt Spiel- und Lebensfreude. Eine Umfrage hat ergeben, dass 95 Prozent aller Deutschen gerne gut Klavier spielen könnten. Aber nur wenige wagen den Schritt und nehmen Unterricht.

sen bei einem musizierenden Menschen durch regelmäßiges Üben einen Regelkreis entstehen, der nahezu das gesamte Gehirn beansprucht.

Neueste Studien belegen, dass aktives Musizieren sogar die Sprachbegabung, die Kommunikationsfähigkeit und die soziale Kompetenz (siehe Seite 29) eines Kindes steigert. In einem Test wurden zehn- und elfjährige Kinder, die ein Instrument spielten oder in einem Chor sangen, mit einer Gruppe von Kindern verglichen, die nicht aktiv musizierten. Beide Testgruppen stammten aus etwa gleichen sozialen Verhältnissen und hatten Eltern mit einem ähnlichen Bildungsniveau. Die Messung der Gehirnströme (EEG) zeigte eindeutig, dass die musizierenden Kinder vielseitiger mit der Sprache umgehen konnten. Sie beherrschten die Grammatikregeln besser und hatten eine perfektere Aussprache. Außerdem wiesen die kleinen Musikanten einen höheren Intelligenzquotienten (IQ) auf.

Damit wurde neurophysiologisch bewiesen, was man bereits zuvor beobachten und erahnen konnte: Musik fördert die Intelligenz von Kindern und beeinflusst auch deren soziale Kompetenz positiv. Wenn die Kleinen zusammen musizieren, lernen sie, sich gegenseitig zu beachten und aufeinander Rücksicht zu nehmen. Sie müssen im Takt bleiben und den anderen eventuell unterstützen, wenn er Fehler macht. Musik bewirkt, dass Kinder wie auch Erwachsene kontaktfreudigere, klügere und rücksichtsvollere Zeitgenossen werden.

Die magische Kraft der Klänge

Musik dringt schon in sehr jungen Jahren tief in den Menschen ein. Sie berührt ihn in seinem Innersten und weckt verborgene Gefühle bei Kindern wie auch Erwachsenen. Musik kann wahre Wunder bewirken. Sie macht Ihr Kind intelligenter und kreativer, sie löst seine Ängste und Verspannungen, sie gibt ihm Kraft und Mut und lindert so manchen Schmerz an Körper und Seele. Und Ihnen als Mutter und Vater sei noch gesagt: Musik vermag tatsächlich Migräne oder Depressionen zu besiegen. Doch woher kommt diese ungeheure Energie? Warum werden wir von Rhythmen mitgerissen, von Klängen in Schwingung versetzt, von Melodien verzaubert? Warum macht Musik uns fröhlich oder traurig, ausgelassen oder melancholisch? »Das hängt mit den Erfahrungen zusammen, die wir im Mutterleib und in den ersten zwei Jahren unseres Lebens sammeln«, so der Musikpädagoge und Psychologe Prof. Dr. Hans-Helmut Decker-Voigt. Der Herzschlag der Mutter (wir hören ihn ungefähr 26 bis 28 Millionen Mal unbewusst während der neun Schwangerschaftsmonate), das Fließen des Blutes, das Rumoren des Darmes, die Stimme des Vaters, durch die Bauchdecke – all diese Töne, Klänge und Geräusche prägen unser Leben und gestalten unsere tiefsten Empfindungen. Auch nach der Geburt werden wir unaufhörlich von Musik begleitet: Mit sanften Melodien wiegt die Mutter uns in den Schlaf, durch Lockrufe weckt der Vater unsere Aufmerksamkeit, mit einem fröhlich wohlklingenden »Fein!« werden wir gelobt. »Diese akustischen Signale, die wir als Ungeborene und später als Säuglinge empfangen, sind regelrechte Hirnnahrung«, erläutert Prof. Decker-Voigt. »Sie halten die lebensnotwendige Gehirnelektrizität in Gang und formen unsere gesamte Gefühlswelt.« Nach den ersten zwei Jahren verlieren wir diese musikalische Welt des Erlebens jedoch zunehmend. Je älter wir werden, desto mehr lernen wir, uns anzupassen. Wir dürfen nicht mehr laut sein, nicht mehr heftig weinen oder lachen, nicht mehr ungezwungen singen und tanzen. Wir drücken uns mehr und mehr

Musik im Körper

Dass nicht nur die Seele, sondern auch der Körper auf Töne und Rhythmen reagiert, können Musikmediziner heute genau messen. Blutdruck, Puls, Atmung, Gehirnströme und Hormone werden von Schallwellen beeinflusst. Wissenschaftliche Untersuchungen belegen, dass die Pegel der Stresshormone Adrenalin und Cortisol mit beruhigender Musik um bis zu 20 Prozent sinken. Immunzellen oder Endorphine, die körpereigenen Glücksstoffe, lassen sich dagegen mit bestimmten Melodien ankurbeln. Angenehme Musik kann sogar das »Schmerzgedächtnis« löschen, indem sie die Funktionen der Nervenzellen und -bahnen im Gehirn harmonisiert.

mit Worten aus als mit Melodien oder Klängen und kontrollieren unsere Emotionen. Wenn wir erwachsen sind, bleibt Musik dann die einzige Möglichkeit, wieder Zugang zu den ursprünglichen, tief verwurzelten Gefühlen aus unserer Kindheit zu bekommen. Musik ist somit eine wichtige Quelle für unser emotionales Erleben.

Die schönste Musik für jedes Alter

MUSIK FÜR BABYS

Bereits im Mutterleib zeigt ein Baby Reaktionen auf Geräusche, auf schöne oder unangenehme Klänge, und scheint mit ziemlicher Sicherheit die Stimme seiner Mutter gleich nach der Geburt zu erkennen. Bestimmt haben Sie selbst mit Ihrem Säugling schon die Erfahrung gemacht, dass er ruhiger wird, wenn Sie nur leise Summen oder sanft sprechen. Auch hübsche, zart schwingende Melodien können ihn gut in den Schlaf wiegen. Dies beweist, wie sehr ein Neugeborenes auf Musik anspricht. Wenn das Kleine dann schon ein paar Monate alt ist, möchte es natürlich selbst mit Tönen experimentieren. Es erzeugt Geräusche, indem es in seine Händchen klatscht oder mit einem Spielzeug auf den Boden klopft. Schon mit neun Monaten reagiert ein Baby auf eine geringfügige Veränderung von Tempo und Tonhöhe und lehnt Dissonanzen ab. Ein früher Um-gang mit Musik wird demnach die Gesamtentwicklung Ihres Kindes erwiesenermaßen positiv beeinflussen. Deshalb sollten Sie Ihren Säugling gleich von Anfang an mit hübschen Klängen verwöhnen. Sie können ihm auch schon ein Gefühl für Rhythmus vermitteln, indem Sie ihn hin und her wiegen, ihn in einer Wippe sanft schaukeln oder mit ihm auf dem Arm zu einer wohlklingenden Musik im Zimmer tanzen. Auch so bringen Sie Ihrem Baby Musik nahe:

✔ **Spieluhr:** Oft bekommen frisch gebackene Mütter eine Spieluhr zur Geburt geschenkt. Die Klanggehäuse sind versteckt in hübschen Plüschfiguren wie einer Sonne, einem Mond oder einem kuscheligen Teddy. Über der Wickelkommode oder am Bettchen aufgehängt sind sie nicht nur ein Ohrenschmaus, sondern auch noch ein hübscher Blickfang für Ihr Baby. Nach ein paar Monaten ist Ihr Kleines dann selbst in der Lage, an der Schnur zu ziehen und das Klangwerk in Gang zu bringen.

✔ **Rasseln und Co.:** An vielen Babyspielsachen hängen kleine Glöckchen; Beißringe enthalten oft einen klappernden Inhalt, in bunten Stoffpüppchen sind winzige Rasseln. Auch solche ersten »Musikinstrumente« sind beliebte Geschenke für das Baby oder werden von der Schwangeren als Erstausstattung gerne selbst gekauft. Der Säugling liebt diese leisen, schon nach kurzer Zeit sehr vertrauten Geräusche, die ihm zeigen, dass er sich hier zu Hause und geborgen fühlen darf.

✔ **Meditationsmusik:** Im Handel gibt es zahlreiche CDs und Kassetten mit wunderschöner Meditationsmusik, beispielsweise unterlegt mit Naturklängen wie Meeresrauschen oder Vogelzwitschern. Positiv auf das Gemüt wirken auch Geräusche aus dem Meer, beispielsweise die Laute von Walen. Hören Sie beim Kauf solcher Musik im Laden kurz in die CD hinein, und lassen Sie dann Ihr Gefühl entscheiden, ob

Sie lieber entspannende Flötenmusik oder sanftes Wellenrauschen genießen wollen.

✔ **Klassische Musik:** Lauschen Sie mit Ihrem Baby Klavierkonzerten von Mozart oder einem Konzert für Flöte und Harfe. Auch Konzerte für ganze Orchester sind bestimmt ein Ohrenschmaus für Ihr Kleines. Wie wäre es zum Beispiel mit Robert Schumanns »Kinderliedern« oder dem »Wiegenlied« von Johannes Brahms? All das ist natürlich Geschmackssache. Lassen Sie bei der Auswahl der Musik Ihren Geschmack und Ihre augenblickliche Stimmung entscheiden. Wichtig ist auf jeden Fall, dass Sie die Klänge nur leise abspielen, denn Babyohren sind sehr empfindlich und vertragen keine aggressiven Töne.

✔ **Rhythmische Babymassage:** Bei allem, was Sie mit Ihrem Kleinen tun und sich musikalisch zu Gemüte führen, sollten Sie ihm das Gefühl von Freude und Harmonie, von Innigkeit und Geborgenheit vermitteln. So können Sie Ihr Kind, während Sie Ihre Lieblingsmusik anhören,

»Musikalische Früherziehung« – wozu?

In der »musikalischen Früherziehung«, die im Allgemeinen in Musikschulen angeboten wird, kommt das Kind auf spielerische Art mit Musik in Berührung. Durch rhythmische Übungen, Bewegungsspiele, Singen, Sprechübungen, Hörerziehung und das Spielen auf Orff-Instrumenten (wie Triangel, Tamburin, Xylophon, Glockenspiel, Pauken oder Schlitztrommeln) lernen die Kleinen Lieder und Melodien kennen. Das kindliche Gehör wird durch bewusstes Erzeugen und Unterscheiden von Geräuschen, Klängen und Tönen sensibilisiert. Durch Bewegungen, Tänze und Improvisationen werden Fantasie, Kreativität und Spontaneität gefördert. Vor allem lernen die Kleinen, teamfähig zu werden. Sie müssen aufeinander hören, sich abstimmen und auch warten können, bis sie an der Reihe sind. Gemeinsam erfinden sie neue, einfache Melodien, bekommen ein Gefühl für Rhythmus und studieren leichte Choreografien ein. Das fördert die Konzentrationsfähigkeit und das Sozialverhalten. Musik baut zudem erwiesenermaßen Aggressionen ab. Die Kinder streiten dann weniger, sie gehen insgesamt friedlicher miteinander um.

Wie neueste Untersuchungen zeigen, beginnt die Schulung des kindlichen Gehörs am besten zwischen dem dritten und vierten Lebensjahr. Das erfolgreiche Singen eines Liedes hängt zum einen von der Beherrschung der Stimme, zum anderen von der Leistungsfähigkeit des Gedächtnisses ab. Das Gedächtnis für Tonfolgen entwickelt sich ebenfalls zwischen dem dritten und vierten Lebensjahr. Vierjährige können schon recht gut einen Rhythmus nachsprechen und nachklatschen. Diese Fähigkeit wird durch die »musikalische Früherziehung« gezielt weiterentwickelt – die Sinne werden sensibilisiert, die Grob- und Feinmotorik gefördert.

zusätzlich sanft im Rhythmus der Melodie massieren, zum Beispiel auf dem Bäuchlein, auf dem Rücken und an den Beinchen. Dies verstärkt die positive Wirkung der zarten Klänge auf Ihr Baby.

MUSIK FÜR KLEINKINDER

Kinder lieben es zu tanzen. Kaum hören sie Musik, schon bewegen sie sich rhythmisch dazu. Dies zeigt, dass nicht nur ihre Ohren und ihr Gemüt auf die Töne reagieren, sondern intuitiv auch ihr Körper – das kann man meist ab dem zweiten Lebensjahr beobachten. Im Alter von drei Jahren schließlich entwickelt sich das Gedächtnis für Tonfolgen sowie ein recht differenziertes Rhythmusgefühl. Dieses Alter ist auch geeignet, um mit der musikalischen Früherziehung (siehe Kasten Seite 111) zu beginnen. Durch sie kann Ihr Kind spielerisch mit Musik in Berührung gebracht werden. Dabei werden seine Sinne sensibilisiert und die Grob- sowie die Feinmotorik gefördert. Außerdem schult das gemeinsame Musizieren mit anderen Kindern seine Konzentrationsfähigkeit sowie sein Sozialverhalten. Es gibt unzählige Möglichkeiten, wie Sie mit Ihrem Sprössling musizieren können. Hier ein paar Ideen dazu:

✔ **Fingerspiele, Tanzspiele und Krabbelverse:** Davon lernt Ihr Kind viele im Kindergarten. Die Erzieher/innen bieten Ihrem Spross bestimmt ein abwechslungsreiches Programm an. Auch im Kinderturnen werden den Kleinen zahlreiche Krabbelverse vermittelt. Dieses Tanzspiel kennen Sie wahrscheinlich noch aus Ihrer Kindheit: »Zeigt her eure Füße (den rechten Fuß in den Kreis stellen und wieder zurück), zeigt her eure Schuh (dasselbe mit dem linken Fuß) und sehet den fleißigen (eine Handkante auf die Stirn legen und in die Runde blicken) Handwerkern/Turnkindern zu (auf sich selbst zeigen). Sie klatschen, sie klatschen, sie klatschen den ganzen Tag (dabei in die Hände klatschen).« Das Klatschen kann man abwandeln, etwa mit den Füßen stampfen, mit dem Kopf nicken und anderes. Kinder sind hier sehr erfinderisch.

✔ **Lieder und Kniereiter:** »Backe, backe Kuchen, der Bäcker hat gerufen ...« – das Kind klatscht dabei voller Eifer in seine Händchen – oder »Hoppe, hoppe Reiter, wenn er fällt dann schreit er ...« – Ihr Kleines sitzt auf Ihrem Schoß und »fällt« dann mit lautem Jauchzen, natürlich sanft von Ihnen aufgefangen. Es ist immer wieder ein Spaß für Ihr Kind, wenn es die lustigen Liedchen mit Ihnen zusammen oder alleine singen darf und dazu in die Hände klatscht, von Ihnen liebkost, geküsst oder sogar durch die Luft gewirbelt wird. Das Singen mit Ihrem Kind bedeutet gleichsam auch Zuwendung. Wenn Sie viel mit Ihrem Sprössling singen, fühlt er sich emotional noch stärker mit Ihnen verbunden und geliebt. Nutzen Sie diese Möglichkeit, um Ihrem Kind Geborgenheit und Sicherheit zu vermitteln. Vielleicht entdecken Sie so auch selbst wieder Spaß an Liedern und Gesang.

✔ **Selbst erfundene Lieder:** Ungefähr ab einem Alter von zwei Jahren ist Ihr Kleines in der Lage, zu singen und selbst Melodien zu erfinden. Vielleicht haben Sie an Ihrem Kind schon beobachtet, dass es stundenlang frei erfundene Melodien vor sich hin singt? Das ist ein Zeichen dafür, dass es sich ganz gesund entwickelt. Es drückt seine Gefühle aus, hört sich dabei selbst und erfreut sich an seiner Stimme. Im Laufe des zweiten Lebensjahres ist Ihr Kind dann in der Lage, eine Melodie, die es hört, in etwa mitzusingen.

✔ **Kinderlieder:** Wenn die Mama ein Liedchen vorsingt, kann sie

ihr Kind zusätzlich durch kleine Gesten mit in den Gesang einbeziehen. Bei dem bekannten Kinderlied »Kommt ein Vogel geflogen« sind ihre Finger der Vogel und setzen sich dann auf den Fuß des Kindes. Heiß geliebte und gern gesungene Kinderlieder sind auch »Alle meine Entchen«, »Ringel, Ringel, Reihe«, »Häschen in der Grube«, »Kuckuck, Kuckuck«, »Alle Vögel sind schon da« oder »Fuchs, du hast die Gans gestohlen«. Natürlich gibt es zahlreiche CDs und Kassetten mit Kinderliedern auch zu kaufen. Schenken Sie Ihrem Nachwuchs seine Lieblingslieder zum Abspielen in einem Kassettenrekorder oder CD-Player – das spornt ihn an, diese nachzusingen. Sprechen Sie eventuell auch mit ihm über die Texte, damit er sie noch besser verstehen kann.

✔ **Abendlieder:** Am Abend vor dem Zubettgehen ein kleines Gebet zu sprechen oder ein Liedchen zu singen, ist sicher eine besondere Freude für Ihr Kind. Solche Rituale schenken ihm Ruhe und Vertrauen und helfen, den Tag abzuschließen und sich auf den Schlaf einzulassen. Beliebte Schlummerlieder sind beispielsweise »Guten Abend, gut' Nacht«, »Schlaf, Kindchen, schlaf«, oder »Müde bin ich, geh zur Ruh«, das außerdem als Gebet gesprochen werden kann.

✔ **Trommeln:** Vielleicht haben Sie selbst schon einmal Trance-Tanz miterlebt oder mitgetanzt? Dann kennen Sie dieses Gefühl des Abhebens, diesen Zustand irgendwo zwischen Himmel und Erde, bei dem Sie sich aus Ihrem innersten Gefühl heraus bewegen, während ein Trommler den Takt vorgibt. Diese ganz natürliche Freude an Rhythmus und Bewegung können Sie auch mit Ihrem Kind teilen. Im zweiten Lebensjahr hat es schon so viel Rhythmusgefühl entwickelt, dass es beherzt mitmachen wird, wenn Sie ihm ein Rhythmusinstrument in die Hand geben, zum Beispiel eine Trommel, Rasseln oder Schellen. Scheuen Sie nicht davor zurück, in seinem Takt tanzend mitzuschwingen – und tauschen Sie dann die Rollen: Sie trommeln und Ihr Kleines tanzt. Übrigens: Sie und

Ihr Kind dürfen dazu auch singen, stampfen oder brüllen wie die wilden Löwen. Gehen Sie beide dabei vollkommen aus sich heraus und spüren Sie in dieser Zweisamkeit auch ganz sich selbst.

✔ **Töne und Geräusche:** Sie können Ihrem Kind ganz spielerisch verschiedene Klangqualitäten vermitteln sowie den Unterschied zwischen Tönen und Geräuschen. In Ihrem Alltag und in Ihrer Umgebung finden Sie unzählige Beispiele: »Macht der Staubsauger Töne oder Geräusche? Wie hört sich das Klingeln eines Telefons oder die Musik aus dem Radio an? Was empfindest du, wenn du ein lautes Geräusch hörst, zum Beispiel einen Bohrer?«

Machen Sie Ihr Kleines auf das ganz leise Zirpen der Grillen aufmerksam oder auf das entfernte Vogelzwitschern. Weisen Sie es auf die vielen unterschiedlichen Töne und Geräusche hin, die es um sich herum täglich wahrnehmen kann. Das schult sein Gehör und macht es empfänglich für differenzierte Höreindrücke.

Schneller Beat für flotte Kids

In seinem Buch »Musik im Kopf« beschreibt der Gehirnforscher Prof. Manfred Spitzer ein faszinierendes Phänomen: Er beobachtete vor allem auf Kindermaskenbällen während der Faschingszeit, dass die Kinder zwar begeistert bei der Sache waren, wenn es darum ging, das Tanzbein zu schwingen und fröhlich im Bärenkostüm, Feen-Dress oder Indianer-Outfit auf dem Parkett herumzuhüpfen, aber er bemerkte auch, dass die Bewegungen der kleinen Tänzer oft seltsam linkisch wirkten und so gar nicht zum Rhythmus der Musik passten. Das machte den Neurowissenschaftler stutzig. Was mochte wohl dahinter stecken? An Tanzlaune fehlte es den kleinen Ballgästen offenbar nicht. Sie waren wirklich mit voller Begeisterung dabei, hopsten und sprangen, kreisten mit den Hüften, schwangen die Arme, wippten mit den Schultern, neigten die Oberkörper. Schließlich fand Spitzer die Lösung des Rätsels: »Wenn ein erwachsener Mensch rhythmisch hüpft, dann macht er je nach Größe und Körpergewicht etwa 110 bis 135 Sprünge pro Minute. Hierfür ist Tanzmusik mit einem Beat von etwa 120 Schlägen pro Minute geradezu konstruiert. Wenn demgegenüber ein sechsjähriges Kind hüpft, dann bringt es leicht 160 bis 180 Sprünge in der Minute zustande. Entsprechend ist die Tanzmusik der Erwachsenen denkbar ungeeignet. Sie ist in physikalischer Hinsicht zu langsam. Erst wenn man eigens für die Kinder das Tempo beschleunigt oder ganz besonders schnelle Lieder spielt, gelingt ihnen die Synchronisation der Körperbewegung mit der Musik.«

MUSIK FÜR SCHULKINDER

Vor allem wenn Ihr Sprössling eine »musikalische Früherziehung« genossen hat – aber auch ohne diese Vorbildung – ist er jetzt so weit, dass er ein Instrument lernen kann. Um einen geeigneten Lehrer oder eine Lehrerin zu finden, fragen Sie entweder in Ihrer Musikschule nach oder Sie lassen Ihrem Spross alleine bzw. mit einem weiteren Kind bei einem Privatlehrer Unterricht geben. Der Unterricht zu zweit oder auch in einer Gruppe hat den Vorteil, dass Ihr Kind gleich weitere Spielkameraden hat, mit denen es zwei- oder dreistimmig musizieren kann, wenn es einmal ein bestimmtes Niveau erreicht hat. Lassen Sie Ihren Nachwuchs das Instrument selbst auswählen. Denn nur, wenn er auch wirklich davon überzeugt ist, wird er mit Eifer bei der Sache sein und schnell Fortschritte machen.

Für den Instrumentalunterricht eignen sich in dieser Altersstufe besonders Klavier, Blockflöte und Gitarre, vielleicht auch das Xylophon. Natürlich hat Ihr Kind jetzt auch das richtige Alter, um ein Streichinstrument, etwa Geige, zu lernen. Hier jedoch stellen sich nicht sofort Erfolgserlebnisse ein, weil es recht schwierig ist, diesen Instrumenten reine Klänge zu entlocken. Wenn Sie Ihrem Kind ein Musikinstrument kaufen wollen, dann sollten Sie auf jeden Fall den Musiklehrer vorher um Rat fragen. Schließlich soll das Instrument zu Ihrem Kind passen, sowohl in der Größe als auch von der Bauform her. In den meisten Musikschulen und sogar in Musikgeschäften können Sie ein Instrument gegen eine monatliche Gebühr leihen. Das ist gerade zu Beginn, wenn Sie noch nicht wissen, ob Ihr Kind auch wirklich Freude daran hat,

sehr sinnvoll. Wenn es dann eine Zeit lang Spaß am Unterricht hat und Sie sicher sein können, dass es auch weiterhin auf dem Instrument spielen wird, können Sie die Anschaffung wagen – vielleicht als Geschenk zu Weihnachten, zu Ostern oder zum Geburtstag.

Beherrscht Ihr Kind das Spiel auf dem Instrument schon einigermaßen gut, möchte es vielleicht in einem Kinder- oder Schulorchester mitspielen. Das ist eine hervorragende Möglichkeit, sich mit anderen kleinen Musikern auszutauschen und seine musikalischen Kenntnisse sowie das Spielen im Ensemble zu verbessern. Bestimmt arbeiten die Kinder in einer solchen Gruppe auf ein gemeinsames Ziel hin, zum Beispiel einen Konzertabend, bei dem sie auftreten dürfen. Dies ist ein besonderer Anreiz, sein Spiel ständig zu verbessern und auch in der Gruppe verstärkt zusammenzuhalten.

Zwingen Sie Ihr Kind aber keinesfalls, ein Instrument zu spielen. Auch wenn Sie selbst vielleicht musikbegeistert sind, sollte Ihr Sprössling selbst entscheiden dürfen, ob er sich musikalisch intensiv weiterbilden möchte. Denn nur, wenn er dies aus freien Stücken tut, wird er auch Freude daran haben, fleißig üben und entsprechende Fortschritte machen. Wenn Ihr Sprössling zwischendurch einmal keine Lust zum Üben hat, sollten Sie ihn nur mit ganz sanftem Druck auf sein Ziel hinweisen – das bevorstehende Konzert oder das Vorspielen im Familienkreis an Weihnachten. Musik kommt von innen, den Spaß daran können Eltern ihren Kindern nicht aufzwingen, sondern nur vorleben.

✔ **Musik anhören:** Lassen Sie Ihr Kind, falls es Freude daran hat, viel Musik hören: klassische Stücke, Jazz, auch Beat, Pop-Songs und alles, was ihm gefällt. Spielen Sie mit ihm »Erkennen Sie die Melodie?« Das Herausfinden des richtigen Takts ist jetzt schon möglich, beispielsweise anhand von Tanzmusik. Und wenn Ihr Sprössling dann einmal einen Tanzkurs besucht, ist er bestens gerüstet und wird immer rasch wissen, welche Schritte angesagt sind.

✔ **Improvisieren:** Wenn Sie, Ihr Kind und auch die übrigen Familienmitglieder ein Instrument spielen, dann versuchen Sie doch einmal, damit Stimmungen nachzuempfinden – jeder auf seine Weise und jeder auf seinem Instrument: etwa Geräusche des Urwalds, Traurigkeit oder Fröhlichkeit durch Moll- oder Dur-Akkorde. Singen oder spielen Sie Ihrem Kind zunächst einfache Moll- und Dur-Dreiklänge vor. Beherrscht jeder sein Instrument gut, dann können Sie sogar auf der Basis einer bestimmten Tonart zusammen improvisieren. Der Fantasie sind hier keine Grenzen gesetzt.

✔ **Musikstücke interpretieren:** Auch das ist eine Möglichkeit, Ihrem Kind auf emotionale Weise die Musik näher zu bringen. Fragen Sie es, welche Farben oder Bilder es mit einem bestimmten Musikstück verbindet, welche Landschaften vor seinem inneren Auge auftauchen. Ein Stück, das fließt oder dahinplätschert, können Sie vielleicht als Fluss malen – lang gezogene Flötentöne eher als Nebellandschaft.

Ein sehr beliebtes Interpretationsstück ist »Die Moldau« von Friedrich Smetana. Es erzählt von einem Fluss, der aus zwei Quellen entspringt und zu einem breiten, mächtigen Strom anschwillt. Ihr Kind kann sich vorstellen, wie es auf einem Schiff stromabwärts die Moldau entlangfährt und beobachtet, was am Ufer alles passiert. Es kann die Stimmung an der Quelle beschreiben und die Menschen, die in den Ortschaften leben und ihrer Arbeit und Freizeitvergnügungen nachgehen. Es kann sich die Tageszeit vorstellen, die Atmosphäre im Wald, auf den Feldern. Und am Schluss »erlebt« es in seiner Fantasie die Ankunft in Prag, der prächtigen Stadt mit ihren schönen alten Brücken über dem breiten Strom.

✔ **Konzert, Musical und Co.:** Nehmen Sie Ihr Kind ruhig mit in ein Konzert, in die Oper oder zu einer Ballettaufführung. Es kann dann selbst entscheiden, ob es ihm gefallen hat und ob es wieder einmal eine solche Veranstaltung besuchen möchte. Ganz besonders reizvoll für Kinder ab einem Alter von sechs Jahren sind Kindermusicals. Vertonte Kinderliteratur wie etwa »Pippi Langstrumpf« oder »Der kleine Eisbär« wird von professionellen Ensembles, die innerhalb Deutschlands touren, immer wieder angeboten. Neben der Musik beeindrucken die kleinen Zuschauer vor allem die authentischen Kostümierungen und die mitunter knalligen Bühneneffekte. Sinnvoll ist es, wenn Ihr Kind schon vor dem Musical-Besuch den Inhalt des Stücks kennt. Hinterher können Sie dann mit ihm über die Darstellung der einzelnen Charaktere sprechen.

✔ **Tanzen:** Jedes Kind tanzt gerne. Bringen Sie Ihrem Sprössling jetzt ruhig schon ein paar klassische Tanzschritte wie den Walzer oder den Foxtrott bei und motivieren Sie ihn, auch eigene Choreografien zu entwickeln oder sich ganz frei zu bewegen. Eine gute Idee für den Kindergeburtstag ist auch eine »Kinder-Disco«, wo es mal so richtig laut zugehen darf. Hat Ihr Kind Spaß am Tanzen, wird es sich sicher auch später gern zur Musik bewegen.

✔ **Musik und Fremdsprachen verbinden:** Wenn Ihr Kind einen Song aus den aktuellen Pop-Charts besonders toll findet, möchte es vielleicht auch den englischen oder französischen Text verstehen und nachsingen können. Nutzen Sie diese Chance, um Ihrem Schulkind ein paar Wörter oder den Refrain in der anderen Sprache zu erklären – oder ihm den ganzen Text zu übersetzen. Wenn es die Inhalte der Songs versteht, bekommt es einen noch besseren Bezug zur Musik und möchte vielleicht selbst einmal einen Text komponieren. So geht Ihr Nachwuchs ganz spielerisch mit der Fremdsprache um und erweitert gleichzeitig seinen Wortschatz.

✔ **Hörspiel:** Ihr Sprössling vermag jetzt sicher schon verschiedene Musikrichtungen und auch Lieder voneinander zu unterscheiden. Er kann sich Texte und Melodien recht gut einprägen. Schulen Sie diese Fähigkeit weiter und spielen Sie ihm beispielsweise die CD eines Kindermusicals oder ein Hörspiel vor. Wenn es ihm gefällt, hat er bestimmt den Wunsch, dies öfter

zu hören. So lernt er ganz automatisch den Text und die Musik immer besser kennen, nach einiger Zeit gelingt ihm sogar die fast exakte Wiedergabe. Am Anfang reicht es jedoch, wenn Ihr Kind nur einfach im Takt mitklatscht und die Melodie summt.

Musik im Teenageralter

Eines Tages – Ihr Kind ist schon seit einiger Zeit aus dem Grundschulalter heraus – heißt es plötzlich: »Mama, lass mich in Ruhe meine Musik hören, du verstehst sowieso nichts davon!« Das ist die Zeit ab einem Alter von etwa zwölf Jahren, mit Beginn der Pubertät, wo im Kinderzimmer plötzlich alle Pferde-, Benjamin-Blümchen- und Bibi-Blocksberg-Bilder von der Wand genommen und stattdessen zahlreiche Poster von Popstars aufgehängt werden. Zum nächsten Geburtstag wünscht sich Ihr Sohn nun nicht mehr das neueste Lego-Sortiment, sondern einen MP3-Player, und Ihre Tochter möchte jetzt Lidschatten-Farben sowie eine Playstation 2 haben, um mit ihren Freundinnen die neuesten Karaoke-

Spiele ausprobieren zu können. »Das ist ja richtig nett«, denken Sie sich und sind froh, dass die Kinder noch so brav zu Hause bleiben. Dafür akzeptieren Sie auch gerne die neuen Musikvorlieben Ihres Kindes.

Ein paar Monate später aber hat sich der Musikgeschmack der Kinder vollkommen gewandelt. Plötzlich dringen harte Techno- und Heavy-Metal-Klänge an Ihr Ohr – noch dazu in voller Lautstärke. »Jedes Kind hat ein Gefühl für Musik« haben Sie im Kapitel »Warum Musik für Ihr Kind so wichtig ist« gelesen und »Musik macht intelligent«, meinen Pädagogen. Aber Sie fragen sich jetzt: »Das soll Musik sein?« Und dies ist erst der Anfang der Pubertät: Es kommen sicher noch mehr musikalische und auch andere Herausforderungen auf Sie zu.

Die musikalische Basis bleibt erhalten

Noch vor kurzem hatten Sie mit Ihrem Kind viele musikalische Gemeinsamkeiten. Sie haben vielleicht zusammen musiziert, gesungen und getanzt – ganz ohne Hemmungen. Ihr Kind hat Ihre Vorlieben geteilt, egal ob Klassik, Jazz oder deutsche Schlagermusik. Und jetzt? Auf einmal ist alles ganz anders. Aber keine Angst! Der ohrenbetäubende Lärm aus dem »Kinderzimmer« kann Ihnen vielleicht das eine oder andere Mal den letzten Nerv rauben. Sie möchten am liebsten flüchten und tun es eventuell auch: Nur raus hier, nur weg – im Park spazieren gehen, wo es so schön ruhig ist, im Café ganz relaxt die Zeitung lesen. Die eine oder andere Beschwerde Ihrer Nachbarn werden Sie sich jetzt auch anhören und sich für Ihren lautstarken Teenie-Spross entschuldigen müssen.

Sie können und sollten aber trotzdem die Nerven behalten. Es handelt sich hier nur um eine Übergangsphase, die vorbeigehen wird. Schon nach einiger Zeit wird der Musikgeschmack Ihres Kindes bestimmt wieder differenzierter sein, und Ihr Kind wird bei Bach-Präludien oder beim Tschaikowsky Klavierkonzert nicht immer nur das Gesicht verziehen. Vor allem, wenn Sie Ihrem Kind schon in ganz jungen Jahren die Welt der Musik in ihrer ganzen Bandbreite gezeigt haben, wird es garantiert auch später musikalisch vielseitig interessiert sein.

Sie sollten immer akzeptieren, dass Ihr Nachwuchs vielleicht andere Schwerpunkte setzt, sich beispielsweise mehr dem Jazz oder der Popmusik zuwendet, statt Ihre Leidenschaft für Opern zu teilen. Hauptsache, die Freude an der Musik bleibt Ihrem Kind erhalten. Deshalb müssen Sie jetzt auch sehr feinfühlig reagieren, wenn Ihr Sprössling eine Zeit lang sein Instrument vernachlässigt. Dies ist relativ typisch für die Pubertät. Ihr Kind hat bis jetzt immer schön Klavier gespielt, die Unterrichtsstunden regelmäßig wahrgenommen und zu Hause fleißig geübt. Und plötzlich: keine Lust mehr, null Bock. Ihr Sohn oder Ihre Tochter hat auf einmal vollkommen andere Interessen, nörgelt und will mit den Musiknoten nichts mehr zu tun haben. Sie sollten Ihr Kind jetzt zu nichts zwingen, ihm schon gar nicht Ihren Ehrgeiz aufdrängen und aus ihm womöglich einen gefeierten Konzertpianisten machen wollen. Ihr Nachwuchs wird seinen eigenen Weg finden.

Sie haben seine Talente schließlich gefördert – wenn Sie ihn immer wieder einmal vorsichtig motivieren, mit ihm sprechen und selbst weiter Musik machen, reicht dies schon aus. Ansonsten müssen Sie einfach Geduld zeigen. Vertrauen Sie ruhig darauf, dass die Talente nicht verloren gehen. Ein Kind, das mit Musik groß wurde und schon eine gute musikalische Vorbildung genossen hat, kehrt bestimmt früher oder später zu dieser schönen Kunst zurück.

Kleine Musiktheorie für Ihr Kind

Viele Elemente der Musik können Sie Ihrem Kind jetzt schon auf einfache und spielerische Weise nahe bringen, damit seinen Hörsinn schulen und ein Fundament für spätere Musikkenntnisse bilden. Im Folgenden finden Sie Texte, die Ihrem Kind auch die theoretische Seite der Musik leicht und anschaulich erklären. Lesen Sie ihm die einzelnen Abschnitte vor (sie sind so verfasst, dass auch Ihr kleiner Musikus sie sofort versteht) oder lesen Sie den Text gemeinsam. Lassen Sie Ihren Nachwuchs selbst »Hör-Beispiele« finden, selbst die Elemente der Musik, die Welt der Töne und Geräusche mit der eigenen Stimme, auf einem Instrument oder mit Gegenständen nachbilden. Sie werden sehen, wie rasch sich das Gehör Ihres Kindes entwickelt, um differenziert und bewusst mit akustischen Signalen aus der Umwelt umgehen zu können. Lassen Sie dabei Ihrer Fantasie freien Lauf, seien Sie zusammen mit Ihrem Sprössling kreativ und finden Sie zum Bei-spiel im Haushalt geeignete »Musikinstrumente«, mit denen er experimentieren und verschiedene Höreindrücke erleben kann. Sie werden sehen, wie viel Spaß ihm das macht! Und vielleicht können auch Sie selbst als nichtmusizierende Eltern durch die folgenden kindgerechten Erklärungen noch etwas dazulernen:

DER SCHALL

Musik nehmen wir über unsere Ohren wahr. Wir hören sie. Aber nicht alles, was wir hören, ist Musik. Es gibt Geräusche und einzelne Töne. Die Geräusche aus unserer Umwelt, aber auch die Töne und Klänge der Musik bezeichnen wir als Schall. Fast ununterbrochen sind wir vom Schall umgeben – selbst in der Nacht, wenn es mucksmäuschenstill ist. Wir vernehmen dann doch das leise Ticken des Weckers oder ein ganz entferntes Blubbern in der Heizung.

Schall lässt sich auf ganz vielfältige Weise erzeugen, mit unserer eigenen Stimme, mit Instrumenten, mit technischen Apparaten, aber auch mit allen Dingen, die uns umgeben – im Haus, im Auto, unterwegs in der Stadt oder in der Natur. Wenn der Wind durch die Blätter der Bäume rauscht, wenn ein Bach fröhlich vor sich hin plätschert, ein Wasserfall tosend die Felsen hinabstürzt, ein Feuer im Ofen knistert, der Regen gegen die Fensterscheiben prasselt oder die Wogen des Meeres beständig anbranden, entsteht dabei immer Schall.

So wie ein Fluss einen Ursprung hat, nämlich eine Quelle, so hat auch der Schall eine Quelle – diese wird daher Schallquelle genannt und ist der Ursprung der Töne, Klänge oder Geräusche, die wir mit unseren Ohren vernehmen.

In unserer Sprache haben wir einen reichen Wortschatz, um die vielen Arten von Schall zu benennen: Eine Glocke läutet, der Wasserkessel pfeift, das Wasser rauscht, die Balken ächzen, die Sirene heult, das Holz kracht, der Wagen rattert, die Motoren brummen. Es gibt unzählige Beispiele. Auch die Tiere produzieren mit ihren Stimmen ganz unterschiedliche Arten von Schall: Die Vögel zwitschern, die Bienen summen, die Hunde bellen, die Grillen zirpen und der Hahn kräht.

Wie der Schall nun zu unseren Ohren dringt, wie er sich genau anhört, das hängt vom Material der Schallquelle ab: Besteht sie aus Holz, Metall, Glas, Stoff, Stein? Das ist auch einer der Gründe, warum sich Musikinstrumente ganz unterschiedlich anhören. Eine Trompete klingt anders als eine Blockflöte, denn die Trompete ist aus Blech gebaut, die Flöte hingegen aus Holz. Die Art und Weise, wie ein bestimmtes Material in Schwingung versetzt wird, prägt den Klang ebenfalls und damit den Schall. Die dicken Saiten auf dem Bauch des Kontrabasses erzeugen ganz andere Töne als die feinen Saiten auf der schlank geschnittenen Violine.

Natürlich können wir mit unserer eigenen Stimme auch den Schall – also die Töne und Geräusche, die wir hervorbringen – sehr verändern. Das funktioniert mit den Stimmbändern. Wir können lachen, weinen, gurgeln, räuspern, husten, pfeifen, flüstern, schreien, singen und noch vieles mehr. Menschen, die beruflich mit ihrer Stimme arbeiten, Sänger und Schauspieler beispielsweise, nutzen diese Möglichkeiten, ihre Stimme vielfältig einzusetzen und schulen sie regelmäßig, damit sie immer gut funktioniert. Auch wir können mit unserer Stimme spielen und mal ganz hoch, mal ganz tief, mal ganz laut und mal ganz leise sprechen. Die ulkigsten Töne und Geräusche können wir mit unseren Stimmbändern fabrizieren. Nur Mut! Zusammen mit Freunden kann auf diese Weise ein richtiges Stimmen-Konzert veranstaltet werden, zum Beispiel mit verschiedenen Tierstimmen oder Tönen und Geräuschen, die aus einer großen Autowerkstatt kommen.

Nicht nur mit unserer Stimme können wir Geräusche und Töne produzieren, sondern auch mit anderen Teilen unseres Körpers. So zum Beispiel, wenn wir in die Hände klatschen, um ein deutliches Geräusch zu erzielen. Wenn dies gleichmäßig geschieht, entsteht etwas, was für das Musikmachen sehr wichtig ist: der Rhythmus.

Außerdem liefert uns der Schall viele notwendige Informationen: Er gibt uns die Chance, uns in unserer Umwelt zurechtzufinden und auch möglichen Gefahren auszuweichen. Wenn wir beispielsweise ein Auto laut hupen hören, wissen wir, dass wir jetzt nicht auf die Straße laufen dürfen. Auch besitzen wir mit dem Schall ein sehr wertvolles Mittel, um uns untereinander zu verständigen und uns alles zu sagen, was nötig ist: Wir haben unsere Sprache! Diese besteht aus Tönen, Klängen und Geräuschen, die wir mit unseren Ohren aufnehmen – und damit aus Schall.

DIE TÖNE

Wir wissen bereits, dass es auf der einen Seite Geräusche gibt, auf der anderen Seite Töne und Klänge. Wie unterscheidet sich aber ein Geräusch von einem Ton? Wenn wir zum Beispiel ein Blatt Papier zusammenknüllen, erzeugen wir ein Geräusch: Es raschelt und knistert. Drücken wir aber auf dem Klavier eine Taste oder klopfen wir auf einen Stab des Xylophons, dann erklingt ein Ton. Dieser hört sich

Der Schall

Der Schall spielt in unserem Leben eine wichtige Rolle und bildet das Fundament der Musik, die es ohne ihn nicht gäbe.

✗ Alles, was wir hören können – Töne, Klänge und Geräusche – ist Schall.

✗ Der Schall dringt über die Ohren in unseren Kopf. Dort, im Gehirn, wird er von den Nerven verarbeitet: Wir hören etwas!

✗ Den Ursprung des Schalls nennt man Schallquelle.

✗ Es gibt die unterschiedlichsten Schallquellen: Menschen, Tiere, technische Apparate und viele andere Dinge können Schall erzeugen.

✗ Der Schall liefert uns wichtige Informationen. Mit seiner Hilfe können wir uns orientieren und verständigen.

ganz anders an: der Ton ist reiner, klarer und schwingender als das Papiergeknister. Hier liegt auch der Grund dafür, dass wir den Ton anders als das Geräusch empfinden. Vereinfacht kann man sagen, dass ein Ton eine klare, regelmäßige Schwingung hat, die sich angenehm anhört, ein Geräusch jedoch nicht. »Der Ton macht die Musik« – ein altes Sprichwort, das sich aber auf etwas anderes bezieht als die Musik: Es meint im übertragenen Sinn, dass man freundlich und höflich zu anderen Menschen sein soll. Wenn man den Satz aber wörtlich nimmt, stimmt er nicht ganz. Denn ein Ton ist ein Ton und macht noch lange keine Musik,

obwohl es in Musikstücken durchaus Stellen geben kann, wo nur noch ein Ton oder am Ende gar nichts mehr klingt und Stille herrscht. Dies nennt man dann »Pausen«, und diese haben eine große Bedeutung.

Trotzdem stellen wir uns unter Musik natürlich etwas anderes vor als nur einen einzigen Ton, der minuten- oder gar stundenlang gespielt wird. Musik entsteht erst richtig, wenn mehrere Töne harmonisch zusammenfinden, wenn sie sich zu Klängen und Melodien vereinen. Dies ist in etwa so, als würden sich viele Menschen an den Händen halten, um einen hübschen Tanz aufzuführen. Der Tanz wird gemeinsam gestaltet und es ist interessant, die verschiedenen Bewegungen zu beobachten. Ein einzelner Tänzer wäre nicht halb so schön anzusehen und würde ein wenig verlassen wirken.

Ein Ton alleine ist also noch keine Musik. Es braucht mehr Töne. Aber wie viele? Zwei, drei, vier oder noch viel, viel mehr? Zwei Töne zusammen ergeben schon einen ganz hübschen Klang. Dies ist die Bezeichnung dafür, wenn mehrere Töne zusammenkommen: ein Klang. Aber dieser »klingt« immer noch ein bisschen dünn. Schon recht interessant wird es bereits, wenn drei Töne harmonisch zueinander finden. Dies nennt man dann »Dreiklang«, den man leicht selbst an einem Instrument ausprobieren kann. Dabei ist es jedoch wichtig, dass es sich um drei miteinander harmonierende Töne handelt. Beim Hören des Dreiklangs empfinden wir ein bestimmtes Gefühl von Tiefe und Räumlichkeit – er klingt voller und spannender als ein einzelner Ton. Jetzt entwickelt sich langsam schon richtige Musik, die uns in unserem Innersten berühren kann.

Wir haben erfahren, dass einzelne Töne sich zu Klängen zusammenfügen lassen und sich dies – wenn die Töne harmonisch aufeinander bezogen sind – sehr schön anhört. Noch interessanter wird es, wenn aus den einzelnen Tönen Melodien entstehen!

Melodien sind wie Geschichten, die nicht aus Buchstaben, sondern aus Tönen gestrickt werden. Wenn wir auf CDs oder Kassetten verschiedene Melodien anhören, merken wir schnell, dass jede von ihnen etwas in uns auslöst. Die eine macht uns vielleicht fröhlich und beschwingt. Eine andere lässt uns möglicherweise ein wenig nachdenklich werden. Und dann gibt es auch solche, die richtig traurig machen können.

Mit ein wenig Fantasie entstehen dazu die passenden Bilder in unserem Kopf, zum Beispiel eine lustige Musikkappelle bei einer fröhlichen Melodie oder vielleicht ein einsamer Wald bei einer schweren, unheimlich klingenden Melodie.

Das Besondere von aneinander gereihten Tönen, also von Klängen und Melodien, ist, dass sie nach oben und nach unten klettern können – wie auf einer Leiter. Dies nennt man Tonhöhe. Sie macht die Musik zusätzlich lebendig. Außerdem existiert in der Musik der Begriff der »Tonleiter«. Auf einem Notenblatt können wir sehen, wie die Töne stufenweise auf- und abwärts schreiten. Eine Tonleiter umfasst acht Stufen – eine Oktave – und lässt sich leicht auf dem Klavier ausprobieren: Bei der Note »C« beginnend gehen wir auf die nächste Taste. Die Note auf dieser zweiten Stufe nennt man »D«; die dritte Note ist das »E«, dann kommt das »F«, dann das

»G«, das »A«, das »H«, und jetzt sind wir auf der achten Stufe angelangt. Diese ist wieder ein »C«, genau der gleiche Ton wie auf der ersten Stufe, nur eine Oktave höher. Schon haben wir eine C-Dur-Tonleiter gespielt. Auf diese Weise lassen sich viele Tonleitern spielen, die immer wieder anders klingen, je nachdem mit welcher Note wir beginnen.

Ein anderes Ausdrucksmittel, also eine andere Möglichkeit, ein Musikstück wie eine fesselnde Geschichte zu gestalten, ist, die Töne mal ganz leise oder ganz laut zu spielen. Es

 Töne, Klang und Melodie

✗ Töne unterscheiden sich von Geräuschen durch ihre Schwingung.

✗ Wenn mehrere Töne zusammen gespielt werden, nennt man das Klang.

✗ Durch das Aneinanderreihen von Tönen kann man Melodien entstehen lassen.

✗ Melodien sind wie Geschichten, die uns etwas erzählen, nur nicht mit Buchstaben, sondern mit Tönen.

✗ Töne haben unterschiedliche Höhen. Man kann sie wie auf einer Leiter aufwärts spielen, sodass sie immer höher klingen, oder abwärts – dadurch werden sie immer tiefer.

✗ Eine Tonleiter umfasst acht Stufen – eine so genannte Oktave.

✗ Töne lassen sich laut und leise spielen. Die Lautstärke kann den Eindruck eines Musikstückes sehr verändern und eine ganz andere Stimmung erzeugen.

ist faszinierend zu hören, wie sehr sich eine Melodie ändert je nachdem, ob sie sanft und leise oder richtig kräftig klingt. Jedes Mal entwickelt sich ein ganz anderes Gefühl. Dies kann man auch mit einem kleinen Test sehr gut selbst ausprobieren: Wir singen unser Lieblingslied einmal besonders laut und einmal ganz leise und achten dabei darauf, wie es auf uns und andere jeweils wirkt und was wir dabei empfinden.

Rhythmus und Takt

Nun haben wir bereits ein gutes Gefühl für die Welt der Töne entwickelt und wissen, wie Klänge und Melodien entstehen. Es ist also Zeit, ein weiteres wichtiges Element der Musik kennen zu lernen: den Rhythmus. Er spielt ebenfalls eine zentrale Rolle und macht die Musik so ausdrucksstark. Was aber ist Rhythmus genau? Rhythmus entsteht ganz einfach, indem manche Töne langsamer und andere schneller gespielt werden. Dies können wir auch mit unserer Stimme ausprobieren: Ein längeres Wort oder ein kurzer Satz wird einmal so gesungen, dass alle Silben gleichmäßig betont sind, und ein zweites Mal so, dass einige länger als andere betont werden. Bei dieser Übung merken wir schnell, dass Sätze mit unterschiedlich lang betonten Silben viel schwungvoller und rhythmischer klingen.

Ein weiteres wichtiges Element, um Musik spannend zu gestalten, ist der Takt. Er gliedert das Musikstück in gleich lange Abschnitte. Auch durch Klatschen oder Trommeln in gleichmäßigen Abständen können wir den Takt schlagen – zum Beispiel einen Vier-Viertel-Takt wie in dem Lied »Bruder Jakob«. Wenn wir das Lied singen und dabei gleichzeitig in die Hände klatschen und mitzählen, merken wir schnell, dass wir – um im Rhythmus zu bleiben – immer von eins bis vier zählen müssen. Hier ist der Text: »Bruder Jakob, Bruder Jakob, schläfst du noch, schläfst du noch? Hörst du nicht die Glocken, hörst du nicht die Glocken? Ding ding dong! Ding ding dong!«

Natürlich gibt es auch noch andere Taktarten, zum Beispiel den Drei-Viertel-Takt, der für den Walzer typisch ist.

Rhythmus und Takt

✗ Wenn manche Töne langsamer und andere schneller gespielt werden, entsteht Rhythmus.

✗ Der Takt teilt ein Musikstück in feste Abschnitte ein. Es gibt verschiedene Taktarten. Der geläufigste ist der Vier-Viertel-Takt.

✗ Vor allem bei Popmusik und lateinamerikanischer Tanzmusik ist der Rhythmus sehr wichtig!

✗ Das Schlagzeug ist ein reines Rhythmusinstrument, weil man keine Melodien darauf spielen kann.

Coole Beats

Was wäre unser Lieblingshit aus den Pop-Charts ohne Rhythmus und Takt! »Beat« ist englisch und bedeutet »schlagen«. Im Zusammenhang mit Musik heißt das »den Takt schlagen«. Damit wird ausgedrückt, dass moderne Pop- und Rockmusik ohne den richtigen »Beat«, ohne schwungvollen Rhythmus überhaupt nicht existieren kann. Sie würde fad und langweilig wirken. Das gilt auch für Tanzmusik – vor allem für solche aus der Karibik oder Südamerika. Sie ist sehr rhythmisch und so fröhlich und schwungvoll, dass man oft schon bei den ersten Tönen regelrecht mitgerissen wird und am liebsten gleich anfangen möchte zu tanzen.

Wenn Musiker in einer Band miteinander spielen, dann hat jeder mit seinem Instrument eine besondere Rolle. In puncto Rhythmus ist der Schlagzeuger besonders gefragt! Er muss mit seinen diversen Trommeln und Pauken sehr darauf achten, dass keiner aus dem Takt kommt und die Gruppe gut zusammenspielt. Der Bassist, also derjenige, der die Bassgitarre spielt oder am Kontrabass steht, hat hier ebenfalls eine wichtige Funktion.

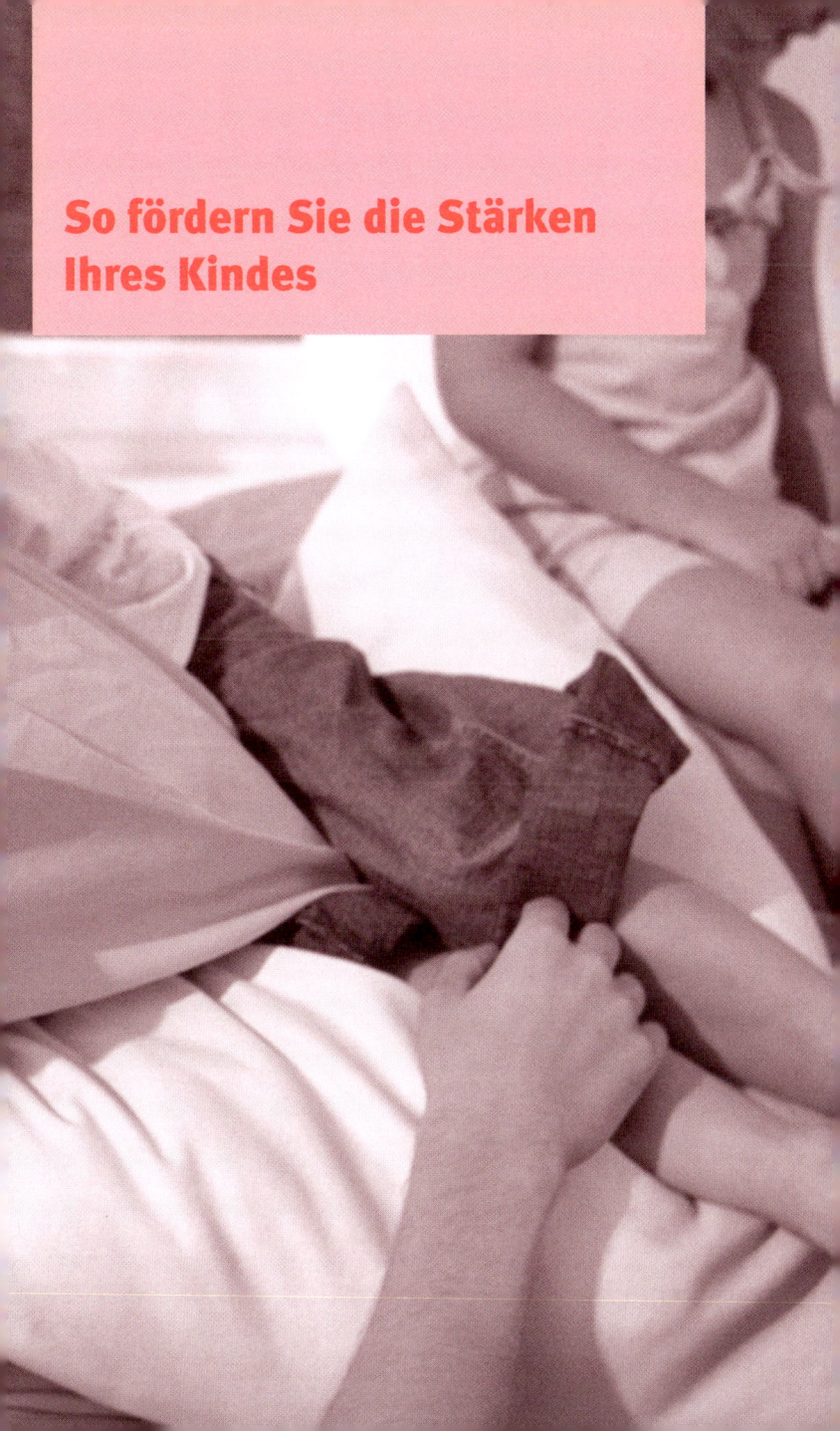

So fördern Sie die Stärken Ihres Kindes

Jedes Kind kommt mit einem ungeheuer großen Entwicklungspotenzial auf die Welt. Dies lässt sich bereits im Babyalter erkennen, wie Sie im Kapitel »Die Entwicklung Ihres Kindes« (siehe Seite 9 ff.) erfahren haben. Es ist faszinierend zu beobachten, wie rasch die Kleinen lernen, wie neugierig und aufgeschlossen sie sind, wie sie alles ausprobieren, die Welt entdecken und verstehen wollen. Diese Begeisterung für das Lernen, Erforschen und Experimentieren ist bei allen Kindern vorhanden. So gesehen kann man auch mit Fug und Recht sagen, dass alle Kinder Kreativität an den Tag legen und bestimmte Begabungen mitbringen. Fähigkeiten, die nur darauf warten, zur Entfaltung gebracht zu werden. Es kommt häufig vor, dass ein Kind schon recht früh besondere Talente zeigt, dass es sich in einem bestimmten Bereich extrem schnell weiterentwickelt und die Lernschritte mühelos vollzieht. Alles wirkt ganz spielerisch, so als würde diese Fertigkeit dem Kind einfach »zufliegen« (siehe auch »Test: Welche Talente hat Ihr Kind?«, Seite 137).

Die Begabung ist oft schon in den Genen des Sprösslings angelegt. Denn dass die erbliche Veranlagung eine nicht zu unterschätzende Rolle spielt, gilt als erwiesen. »Der Apfel fällt nicht weit vom Stamm«, sagt der Volksmund und meint damit, dass bestimmte Verhaltensweisen, die für den Vater oder die Mutter ganz charakteristisch sind, auch beim Kind herausragen. Das gilt natürlich nicht nur für seine Stärken, sondern auch für seine Schwächen. Deshalb sagen sich genervte Elternpaare auch manchmal: »Das ist doch typisch deine Tochter/dein Sohn!« Aber auch die Stärken werden häufig von einer Generation auf die nächste übertragen. Das ist einer der Gründe, warum beispielsweise Kinder aus Musikerfamilien oft ausgezeichnet musizieren oder der Nachwuchs von Schauspielern ebenfalls schon früh die Neigung zeigt, auf der Bühne zu stehen. Dies gilt natürlich ebenso für alle anderen Talente.

Außerdem ist es wissenschaftlich erwiesen, dass Kinder mit begabten Eltern von vornherein in ihren besonderen Talenten gefördert werden. Die Eltern haben Vorbildfunktion, sie schulen die Fähigkeiten ihrer Kinder schon fast automatisch, indem sie diese selbst vorleben: So wird in der Musikerfamilie mit Sicherheit täglich musiziert, der Spross ist ständig von Rhythmus und Tönen umgeben, er wächst in einer musikalischen Atmosphäre auf. In einem Elternhaus, in dem die Sprache eine wichtige Rolle spielt, be-

kommt das Kind von Anfang an recht differenzierte Sätze zu hören. Bestimmt wird auch viel mit ihm gesprochen und insgesamt gerne kommuniziert. Bei sehr sportlichen Eltern wiederum ist ziemlich sicher davon auszugehen, dass die Freizeit durch entsprechende Aktivitäten ausgefüllt wird und die Kleinen natürlich mit von der Partie sind. Dort herrscht eben ein echter »Sportsgeist«.

Die zehn goldenen Regeln

Die folgenden Regeln beinhalten die wichtigsten Tipps, wie Sie die Stärken und Talente Ihres Kindes gezielt fördern.

1. SEIEN SIE EIN VORBILD!

Gehen Sie immer mit gutem Beispiel voran. Sie sollten bei allem, was Sie tun, eine positive Grundhaltung einnehmen, sodass Ihr Spross merkt, wie fasziniert und begeistert Sie selbst von der Sache (zum Beispiel vom Malen, Musizieren, Schreiben oder Tennisspielen) sind. Diese Begeisterung überträgt

sich auf Ihr Kind, das ein Bedürfnis hat, Sie nachzuahmen. Es will Ihnen dann seine Erfolge zeigen und ist stolz darauf, dass es etwas, was Ihnen wichtig ist, auch schon gut beherrscht.

2. BEOBACHTEN SIE IHR KIND GUT!

Schauen Sie Ihrem Nachwuchs beim Spielen zu, nehmen Sie wahr, was er sehr gerne macht. So finden Sie heraus, wo seine Begabungen liegen. Denn er wird sich automatisch mit dem beschäftigen, was ihm besonders gut liegt. Alle Kinder haben, wie bereits erwähnt, bestimmte Fähigkeiten in die Wiege gelegt bekommen. Welche das genau sind, zeigt Ihnen auch der Test »Welche Talente hat Ihr Kind?« auf Seite 137. Das Beobachten des täglichen Spiels ist zudem eine große Hilfe, denn Sie merken ziemlich rasch, wo die Aufmerksamkeit Ihres Kindes länger verweilt. Ist es das Musikhören, das Malen oder das Schmökern von Bilder- und Lesebüchern? Sprechen Sie außerdem mit den Erzieherinnen im Kindergarten und später mit den Lehrern in der Schule. Die Pädagogen beobachten Ihren Nachwuchs sehr genau und können Ihnen mitteilen, welchen Eindruck sie von ihm haben, wo er besonders viel Lob bekommt, und in welchen Bereichen er sehr viel Einsatz zeigt.

3. Machen Sie Ihrem Kind Angebote!

Am Nachmittag, wenn die Hausaufgaben fertig sind, soll Ihr Sprössling seine Freizeit auf angenehme Weise genießen können. Wenn Sie schon wissen, in welche Richtung das Interesse

Ihres Kindes geht, können Sie es nach Kräften unterstützen: Suchen Sie beispielsweise einen guten Flötenlehrer, den Ihr Kind auch wirklich mag. Oder möchte es lieber Klavier oder Geige spielen? Wenn Ihr Sprössling gerne sportlich aktiv ist, lassen Sie ihn möglichst viele unterschiedliche Sportarten ausprobieren. Die meisten Vereine bieten »Schnupper-Stunden« an, damit das Kind herausfinden kann, ob ihm der Sport wirklich liegt. Wichtig ist auch, dass Sie Ihrem Sprössling immer genügend Bücher zur Verfügung stellen und eventuell regelmäßig in eine Bibliothek mit ihm gehen. Liegt sein Interesse mehr in den Naturwissenschaften, dann können Sie mit ihm einmal eine Sternwarte besuchen, ihm organisierte Lehr-Exkursionen oder Ähnliches anbieten. Für Kinder, die an Mathematik Freude haben, gibt es zusätzliche Rechen- und Knobelhefte oder spezielle Computerprogramme.

4. Bremsen Sie die Neugier Ihres Kindes nicht!

Kreative und talentierte Kinder lieben es besonders, alles um sich herum genau unter die Lupe zu nehmen. Erforschen, entdecken und ausprobieren heißt aber letztlich »begreifen«. Lassen Sie Ihr Kind also möglichst viel austesten, denn gerade durch seine natürliche Neugier lernt es die Welt sehr gut kennen. So bilden sich dann ganz von selbst seine Stärken heraus. Ein Kind, das viel ausprobieren darf, weiß sehr schnell, was ihm gefällt und widmet sich dieser Sache dann meist besonders intensiv, weil sie seinem Naturell am besten entspricht und ihm leicht von der Hand geht.

5. Loben Sie Ihr Kind!

Kinder brauchen Liebe, Geborgenheit und viel Lob. Vergessen Sie nicht, Ihr Kind auch für ganz banale, kleine Dinge zu loben, zum Beispiel wenn es sich beim Tischdecken besondere Mühe gegeben hat, wenn ihm ein schönes Bild gelungen ist oder wenn es sich alleine angezogen hat. Lob ist ein positives Feedback. Ihr Sprössling nimmt eine positive Grundhaltung ein und wird dazu motiviert, gerne weiterzumachen. Das wirkt sich verstärkend auf seine Begabun-

gen aus, denn er hat nun den Wunsch, ganz besonders gut sein zu wollen.

6. Stärken Sie das Selbstvertrauen Ihres Kindes!

Kreative und neugierige Kinder entwickeln früh ein starkes Selbstbewusstsein. Sie lernen, auf die eigene Vorstellung zu vertrauen und die eigene Meinung anderen gegenüber zu vertreten.

Wenn Sie Ihr Kind dazu anspornen, viele verschiedene Dinge auszuprobieren, wenn Sie es seine eigenen Erfahrungen machen lassen anstatt ihm alles abzunehmen und wenn Sie ihm auch bei Misserfolgen Mut machen, dann stärken Sie sein Selbstvertrauen und nehmen ihm die Angst vor Neuem und Unbekanntem.

7. Nehmen Sie Ihr Kind ernst!

Ganz wichtig ist es, dem Nachwuchs immer wieder zu zeigen, dass man ihn ernst nimmt, ihm zuhört und seine Meinungen und Gefühle respektiert. So lernt Ihr Kind, dass es Ihnen, seinen Eltern, wichtig ist und als Persönlichkeit anerkannt wird. Es merkt dadurch auch, dass die Dinge, die es tut, eine Bedeutung haben und dass sie Wertschätzung und Anerkennung bei Ihnen finden.

8. Lassen Sie Ihr Kind unterschiedliche Erfahrungen machen!

Bei den Begabungen ist erwiesen, dass sie sich auch gegenseitig befruchten und verstärken können. Der »kreative Funke« springt sozusagen über. Kinder, die viel musizieren, sind oft auch sprachbegabter. Weshalb das so ist, haben Sie im Kapitel »Warum Musik für Ihr Kind so wichtig ist«, Seite 101 ff. bereits gelesen. Kinder, die viel Sport treiben, vor allem draußen in frischer Luft, entwickeln auch oft in anderen Bereichen große Stärken, nach dem Motto »mens sana in corpore sano« (ein gesunder Geist in einem gesunden Körper). Außerdem gibt es natürlich die Kinder, die gleich mehrfach begabt sind. Schon aus diesem Grund sollten Sie Ihrem Nachwuchs die Chance geben, ganz unterschiedliche Erfahrungen zu machen. Das stimuliert sein Gehirn auf breiter Ebene und fördert gezielt seine Intelligenz.

9. Machen Sie Ihrem Kind keinen Druck!

Geben Sie Ihrem Sprössling genügend Zeit, um sich langsam weiterzuentwickeln. Stärken Sie seine Schwächen auf sanfte Weise und gehen Sie auf seine Stärken besonders ein. Ob Ihr Kind seine Begabungen später einmal erfolgreich umsetzen kann, hängt zum großen Teil auch von der Förderung ab, die es in jungen Jahren erhält. Wenn es sich aus freien Stücken und ohne Druck entscheiden kann, ist das eine optimale Voraussetzung für gute Ergebnisse. Bieten Sie Ihrem Kind dafür auch ein liebevolles, unterstützendes Umfeld. Haben Sie Geduld mit ihm und schrauben Sie Ihre Erwartungen nicht zu hoch! Nicht nur das, was Ihr Kind am Ende leistet, sollten Sie loben, sondern auch den Weg, auf dem es zu seinem Ziel gelangen möchte. Wenn Sie einmal ein Talent Ihres Nachwuchses erkannt haben, besteht leicht die Gefahr, dass Sie ihn »um jeden Preis« fördern wollen, vor allem dann, wenn Sie selbst einst keine Unterstützung von Ihren Eltern bekommen haben. Aber Druck ist gefährlich: Er kann schlimmstenfalls bewirken, dass Ihr Kind gar keine Lust mehr auf sein Hobby hat und seine Fähigkeiten dann brachliegen.

10. GEBEN SIE IHREM KIND FREIRAUM!

Dies ist zum Abschluss ein ganz wichtiger Ratschlag: Bleiben Sie als Eltern gelassen, erzwingen Sie nichts, und lassen Sie Ihrem Spross genügend Freiraum für seine eigene Entwicklung. Wenn Ihr Kind auch noch so talentiert sein sollte, so braucht es bei aller Förderung immer genügend Zeit für einen kindgerechten Alltag. Es will viel Spaß haben, spielen, draußen herumtoben, sich mit Freunden amüsieren und – einfach nur Kind sein. Dies dürfen Sie nie vergessen!

Test: Welche Talente hat Ihr Kind?

Es ist für Sie als Eltern natürlich unglaublich spannend herauszufinden, wo die besonderen Fähigkeiten Ihres Kindes liegen, die ihm quasi in die Wiege gelegt worden sind. Dies lohnt sich, weil Sie die Talente dann schon frühzeitig fördern können. Begabungen verkümmern, wenn sie sich nicht entfalten dürfen und nicht gezielt verbessert und trainiert werden. Mit den folgenden Fragen können Sie die Stärken Ihres Sprösslings jedoch recht gut herausfiltern. Selbstverständlich ist jedes Kind anders, jedes hat seine eigene Persönlichkeit, seine ganz individuellen Anlagen. Deshalb kann es sein, dass Sie nur ein paar Merkmale der folgenden Typisierungen an Ihrem Kind wieder erkennen, andere wiederum treffen vielleicht eher nicht zu. Trotzdem können Sie sich in etwa ein Bild machen und herausfinden, was Ihr Kind besonders gut meistert, was ihm extrem leicht fällt und wo seine Hauptinteressen liegen. Sollten Sie gleich mehrere Fragen mit einem »Ja« beantworten können, scheint Ihr Kind in verschiedenen Bereichen Talente zu besitzen. Freuen Sie sich, denn Ihr Sprössling wird auch später vielseitig interessiert sein und über ein breites Angebot an beruflichen Möglichkeiten verfügen. Vergessen Sie aber auch nicht, ehrliche Antworten zu geben: Stolze Eltern neigen schnell dazu, Ihr Kind zu sehr in den Himmel zu loben und seine wirklichen Fähigkeiten aus den Augen zu verlieren.

Ist Ihr Kind ein Künstler?

Deutliche Anzeichen: Ihr Sprössling liebt das Malen und Zeichnen. Er beginnt schon sehr früh damit, eigentlich bereits im zarten Babyalter. Nach Herzenslust bemalt er alles in den buntesten Farben – auch die Wände, Schränke oder Fensterscheiben, auf denen Sie seine Kreationen lieber nicht sähen. Zu jedem festlichen Anlass, an Weihnachten, an Ostern, zu Ihrem Geburtstag, bekommen Sie ein farbenprächtiges Werk geschenkt,

auf dem Sie faszinierende Dinge entdecken. Ihr Nachwuchs nutzt so ziemlich alle Farben und sämtliche Materialien, um sich kreativ auszuleben. Er verlangt stets Nachschub in Sachen Wasserfarben, Wachsmalkreiden, Filzstiften, Buntstiften und Pinseln. Auch mit Knete arbeitet Ihr Kind gerne, und etwas später mit Ton. Sie sind beeindruckt, welche Fantasie es an den Tag legt, mit welch unglaublichem Ideenreichtum es gesegnet ist. Ihr Kind nutzt auch fast jede Gelegenheit, um sich malend oder zeichnend zu beschäftigen. Im Restaurant, wenn die Familie gemeinsam köstlich speist, lässt sich Ihr Nachwuchs sogleich vom Kellner Stifte und Papier bringen, zur Not reichen auch ein Kugelschreiber und ein paar schmale Zettelchen vom Bestellblock. Sie können sich glücklich schätzen, denn Ihr Kind ist, statt zu nörgeln, immer bestens beschäftigt und übersteht sogar lange Reisen ohne Langeweile!

Frühzeitig geäußerte Berufswünsche: Maler, Bildhauer, Comiczeichner, Internet-Designer, Modeschöpfer, Grafiker, Architekt.

IST IHR KIND EIN MUSIKER?

Deutliche Anzeichen: Rhythmus scheint Ihrem Sprössling von Anfang an im Blut zu liegen. Schon als Kleinkind bewegt er sich erstaunlich harmonisch und elegant, wenn er irgendwo Musik vernimmt: Er wippt und schaukelt im Takt, er hüpft und tänzelt und quietscht dazu vor Vergnügen. Ihr Kind kann außerdem gar nicht genug davon bekommen, seine Lieblings-CDs und -Kassetten wieder und wieder anzuhören. Es singt nach Herzenslust mit und Sie staunen, wie schnell Ihr kleiner Dreikäsehoch lernt, die Töne immer genauer zu treffen. Musikalische Früherziehung ist genau das Richtige für Ihren Musikus. Geben Sie Ihrem Kind die Möglichkeit, ein Instrument zu erlernen. Es ist lebhaft dabei, lernt mit großer Begeisterung auf dem Xylophon zu spielen und drückt auch die Tasten des Klaviers, um die eigenwilligsten Improvisationen hervorzubringen. Überhaupt fällt Ihrem Kind das Lernen am Instrument sehr leicht; es macht schnell Fortschritte und wagt sogar schon früh das Spielen vor Publikum.

Frühzeitig geäußerte Berufswünsche: Pianist, Band-Leader, Dirigent, Rock-Star, Pop- oder Opernsänger, Tänzer (siehe Sportskanone, Seite 141).

IST IHR KIND EIN MATHEMATIKER?

Deutliche Anzeichen: Sie bemerken, dass Ihr Sprössling lange vor Schuleintritt mit Zahlen bis Hundert umgehen kann. Er lernt die Zahlen wie von selbst, kann schon mit fünf Jahren Autonummern lesen und sich diese auch merken. Telefonnummern oder Geburtstage müssen Sie nicht mehr selbst mühsam in Ihrem Gedächtnis abspeichern, denn Ihr Kind hilft Ihnen bei Bedarf immer auf die Sprünge; es kennt sie alle auswendig. Schon als kleines Mädchen oder kleiner Junge lernt Ihr Kind das Rechnen ungewöhnlich schnell, beim Einkaufen kontrolliert es das Wechselgeld im Nu. Natürlich ist das Fach Rechnen in der Grundschule für Ihren kleinen Mathe-Freak von großem Erfolg gekrönt.

Er fängt außerdem schon früh an, sich mit Computern auseinanderzusetzen und verlangt neben der Schule nach »schwierigeren Rechenaufgaben«. Sie kaufen zusätzliche Knobel- und Rechenhefte, damit sich Ihr Kind am Nachmittag nicht langweilt und wundern sich über seine hervorragende logisch-abstrakte Denkfähigkeit. Auch später werden Sie mit Erstaunen feststellen, dass Ihr Nachwuchs jede anscheinend noch so komplizierte Formel mühelos verinnerlicht. Er hat keine Probleme, schwierige Rechenoperationen bis zu Ende durchzuführen und komplizierte Zusammenhänge zu erkennen.

Frühzeitig geäußerte Berufswünsche: Computerspezialist, Programmierer, Mathelehrer oder Mathematiker.

Ist Ihr Kind ein Sprachgenie?

Deutliche Anzeichen: Ihr Sprössling scheint in die Welt der Buchstaben ganz wie von selbst einzutauchen. Er beginnt früh zu lesen und zu schreiben, ist äußerst kommunikativ und aufgeschlossen und redet gerne.

Nicht selten fragt er Ihnen »Löcher in den Bauch«. Er erzählt jedes Detail von seinen Erlebnissen im Kindergarten oder in der Schule, formuliert dabei seine Sätze grammatikalisch richtig und drückt sich elegant und geschickt aus. Die Aufsätze, die Ihr Sprössling in der Schule verfasst, sind lebhaft, fantasievoll und in einer ungeheuer bildreichen Sprache geschrieben. Ihr Kind trägt auch mit großer Freude Gedichte vor und versetzt sich dabei genau in die Stimmung, die jeweils gefragt ist. Dies ist wirklich eher die Ausnahme, denn die meisten Kinder sehen das Aufsagen eines Gedichts eher als ein notwendiges Übel an! Ihr Kind entwickelt sogar selbst eine »poetische Ader«, verfasst schon Reime und trägt diese zu passender Gelegenheit vor.

Wenn Sie ihm die Möglichkeit dazu bieten, interessiert sich Ihr Sprössling auch für Fremdsprachen schon ausgesprochen früh. Im Urlaub schnappt er viele Worte in der Landessprache auf und gibt sie (fast) richtig ausgesprochen wieder. Tipp: Bieten Sie Ihrem Kind die Möglichkeit zwei- oder dreisprachig aufzuwachsen – zum Beispiel auf einer bilingualen Schule.

Frühzeitig geäußerte Berufswünsche: Schauspieler, Zeitungsreporter, Schriftsteller, Drehbuchautor oder Dolmetscher.

IST IHR KIND EIN TECHNIKFREAK?

Deutliche Anzeichen: Ihr Spross zerlegt jedes technische Gerät, das er in die Finger bekommt. Auch wenn Sie ihm sagen, er solle sein kleines Radio lieber im Gehäuse lassen, ist die Versuchung einfach zu groß und es muss geprüft werden, wie das Innenleben aussieht. Das betrifft unter Umständen auch Ihren CD-Player, Ihren Wecker oder Ihren Staubsauger. Es ist faszinierend, wie geschickt Ihr kleiner Techniker seine Baukästen zu raffinierten Kränen, Zahnradsystemen oder komplizierten Fahrwerken zusammenbaut. Überhaupt wird dem Kleinen bald alles zu langweilig, was nicht irgendwie die Aufschrift »Technik« trägt. Hydrauliken, Motoren, Seilwinden und Licht-Generatoren müssen in seinem Spielzeug schon enthalten sein, sonst macht es nur halb so viel Spaß! Selbstredend, dass die elektrische Eisenbahn ein absolutes Muss ist. Und natürlich dürfen Sie nicht widersprechen, wenn Ihr Kind – vielleicht mit Hilfe eines ebenso technikbegeisterten Nachbarkindes – seinen Roller oder sein Fahrrad kurzerhand in ein hochinteressantes, wesentlich schnelleres Vehikel umbaut.

Frühzeitig geäußerte Berufswünsche: Ingenieur, Lok- oder Kranführer, KfZ-Mechaniker, Erfinder, Physiker.

IST IHR KIND EINE SPORTSKANONE?

Deutliche Anzeichen: Die gleichaltrigen Kameraden stehen bibbernd und zitternd auf dem Sprungbrett und starren ängstlich in die Tiefe, doch Ihr Spross nimmt Anlauf, streckt sich und landet kopfüber im Schwimmbecken. Diese Form der Unerschrockenheit sind Sie von Ihrem Nachwuchs gewohnt. Der kleine Körper scheint jede noch so große sportliche Herausforderung spielend zu meistern. Das Skifahren ist kein Problem, nach kurzer Zeit steht Ihr Nachwuchs sicher auf den Brettern und fegt sogar die schwarzen Pisten hinunter. Das Gleiche gilt für Skaten, Schwimmen, Radfahren, Turnen und Ballspiele jeglicher Art. Ihr Kind scheint sämtliche Bewegungen spielerisch und mühelos zu erlernen. Bereits als Baby zeigte es gute motorische Fähigkeiten und war sehr beweglich. Fördern Sie dieses Talent, indem Sie es viele verschiedene Sportarten ausprobieren lassen, und finden Sie heraus, welche ihm am meisten liegen. Ist die Begabung sehr groß, sollten Sie frühzeitig daran denken, Ihr Kind in einer Schule anzumelden, die einen Schwerpunkt auf die Förderung sportlicher Fähigkeiten setzt. Dafür gibt es zum Beispiel spezielle Sportinternate.

Frühzeitig geäußerte Berufswünsche: Olympionike, Zehnkämpfer, Tennisprofi, Fußballer, Tänzer (falls Ihr Kind die Eigenschaften des Musikers und der Sportskanone vereint).

IST IHR KIND EIN NATURFREUND?

Deutliche Anzeichen: Ihr Sprössling ist begeistert von den Ausflügen in den Zoo, die Sie schon ganz früh mit ihm unternehmen. Gut so, denn sein Interesse für

die Fauna und Flora, für die Tier- und Pflanzenwelt, ist grenzenlos. Er besucht mit großer Freude eine Gartenschau, die Sie selbst einfach nur langweilig finden, und er wünscht sich nichts sehnlicher als ein Haustier. Er untersucht stundenlang die Käfer und Schmetterlinge in Ihrem Garten und geht Ihnen bei der Gartenarbeit schon in ganz jungen Jahren mit großer Begeisterung hilfreich zur Hand. Er sät den Rasen aus, jätet das Unkraut und pflanzt im Herbst die Blumenzwiebeln. Ein solches Kind sammelt auch nach Herzenslust Blätter, Kastanien oder Steine und legt damit einen kleinen Garten mit Teich an, zum Beispiel zwischen den dicken Wurzeln eines Baumes. Ihr Naturkind freut sich, wenn aus Samen zarte Pflänzchen werden, es beobachtet fasziniert das erste Grün, das im Frühjahr durch die Erde ans Licht tritt und kann es kaum erwarten, dass die Pflanzen größer werden!

Frühzeitig geäußerte Berufswünsche: Gärtner, Landschaftsarchitekt, Förster, Zoodirektor, Tierpfleger, Tierarzt.

Register

Babyschwimmen 50
Balance 49, 51
Begabungen 7, 16, 104, 132–142
Berufswünsche 138–142
Bewegung 12, 13, 43, 49–51, 54, 55f., 58, 68f., 71, 104, 114, 125, 142
Bücher 43, 56, 57, 83, 88–99, 134
  Bilderbücher 27, 55, 56, 91, 95
  für Babys 93
  für Kleinkinder 94
  für Schulkinder 97
  für Teenager 98
  Wissensbücher 93, 95, 97, 99
Emotionale Intelligenz 27f., 62f., 80
Empathie 30, 63
Entwicklung des Kindes 6, 11–23, 37, 49, 64, 65, 86, 88, 132, 137
Fantasie 18, 27, 34, 37f., 59, 60, 65, 68, 72, 80, 82, 85, 86, 88, 105, 117, 118, 122, 126, 138
Fernsehen 18, 86f., 99
Früherziehung, musikalische 115
Geborgenheit 7, 31, 45, 51, 56, 110, 113, 135
Gedächtnis 10, 34, 57, 61, 98, 112, 139
Gefühle 7, 17, 21, 23, 28, 30, 31, 38, 45, 51, 63, 64, 80, 83, 103, 107, 109, 110, 113, 114, 120, 126, 127, 128, 135
Gehirn 11, 12, 13, 22, 85, 86, 104, 106, 136
Gemeinschaft 30, 34, 71, 75
Geschichten 10, 18, 50, 56, 58, 66, 68, 78–93, 94, 96, 97, 98, 126, 127
Grundschule 65, 66, 139
Improvisieren 117
Kindergarten 15, 18, 54, 62, 65, 105, 112, 134, 140
Kinderlieder 46, 113
Klang 10, 47, 85, 102, 105, 107f., 109, 110, 111, 116, 120, 122, 123, 124, 126, 128
Kommunikation 13, 18, 80, 87, 106
Kompetenz, soziale 27f., 74, 106, 107
Konzentration 34, 48, 60, 67, 72, 80, 96
Kreativität 18, 27, 59, 65, 85, 132
Laufen lernen 14
Lesen 34, 45, 58, 65, 66, 83-86, 88-99, 120, 122, 139, 140
  Selbstlesen 83, 94, 97
  Vorlesen 66, 80, 85f., 89, 94-96

Melodie 46, 57, 102, 105, 107, 109, 111, 113, 117, 119, 125, 126, 127, 128
Musik 45, 47, 57, 58, 65, 91, 101–129, 136, 139
Persönlichkeit 6f., 15f., 30, 62, 135, 137
Rhythmus 102, 106, 109, 111, 114, 124, 128f., 133, 138
Rituale 31, 46, 113
Schall 122-124
Schritte, erste 6, 14, 22
Schulkind 68, 72, 74, 119
Selbstbewusstsein 135
Sinne 10, 42, 43, 53, 95, 112
  Gehörsinn 104, 114, 122
  Geruchssinn 10, 51f.
  Geschmackssinn 53, 65, 110
  Tastsinn 10, 27, 35, 43, 45, 93, 94, 139
Soft Skills 30
  Enthusiasmus 65
  Mut und Selbstvertrauen 40, 92, 107, 124, 135
Spiele 17, 25–77, 120
  Fingerspiele 43, 57, 112
  für Babys 42
  für Kleinkinder 28, 53
  für Schulkinder 65
  Lernspiele 27, 31, 41
  Singspiele 58
Spielzeug 36–41, 42, 44, 48, 49, 52, 55, 72, 93, 109, 141
Sport 65, 68, 134, 136
  Ballspiele 69, 142
  Rad fahren 141
  Schwimmen 56, 141
  Ski fahren 103, 141
Sprache 12f., 17, 44, 47, 85, 86, 87, 88, 96, 102, 107, 109, 113, 118, 119, 121, 123, 124, 133, 140
Sprachentwicklung 13, 17f., 85
Stressabbau 34
Talent 16, 121, 132–142
Tanzen 26, 47, 67, 108, 109, 111, 118, 129
Trotzphasen 18-22
Übungen 13, 17, 50
  Greifübungen 13, 44
  Sprechübungen 12, 17
Wahrnehmung 10, 11, 17, 60f., 67, 72, 114

Neu in dieser Reihe erschienen:

Das Aufmerksamkeits-Defizit-Syndrom hat verschiedene Gesichter und ist oft nicht auf den ersten Blick zu erkennen. Kinder mit ADS oder ADHS brauchen gezielte Hilfe – egal, ob sie verträumt und zurückhaltend oder impulsiv und ungeduldig sind. Hier finden Sie alle nötigen Informationen und erfolgreiche Methoden, um den Alltag mit Ihren Kindern gelassen zu gestalten. Erprobte Übungen und praktischer Rat helfen, mit ADS und ADHS umzugehen und schenken Kindern und Eltern ein entspanntes Familienleben.

ISBN-10: 3-8112-2831-5
ISBN-13: 978-3-8112-2831-3